U0932911

案例真实，分析全面，观点别具一格，写作风格通俗幽默

鞋业企业管理学

侯链会 ◎著

吉林出版集团股份有限公司

图书在版编目（CIP）数据

鞋业企业管理学 / 侯链会著 . — 长春 : 吉林出版集团股份有限公司 , 2018.12

ISBN 978-7-5581-6068-4

Ⅰ . ①鞋… Ⅱ . ①侯… Ⅲ . ①制鞋工业－工业企业管理－研究－中国 Ⅳ . ① F426.86

中国版本图书馆CIP数据核字(2018)第266901号

鞋业企业管理学

著　　者　侯链会
责任编辑　齐　琳　史俊南
责任校对　周　骁
封面设计　邢海燕
开　　本　880mm × 1230mm　1/32
字　　数　116千字
印　　张　6
版　　次　2018年12月第1版
印　　次　2018年12月第1次印刷

出　　版　吉林出版集团股份有限公司
电　　话　总编办：010—63109269
　　　　　发行部：010—85173824
印　　刷　北京紫瑞利印刷有限公司

ISBN 978-7-5581-6068-4　　定价：58.00 元
版权所有 侵权必究

概　论

秋风扫落叶，每个人都知道这是一种很普遍的自然现象。那如果说春风扫落叶呢？很多人就会持怀疑态度了。这里告诉大家春风扫落叶和秋风扫落叶其实都是大自然的普遍现象。秋风扫落叶是树木在秋天脱掉叶子准备冬眠。有的四季常青的树在早春发芽长新叶，晚春时期新叶全部长大之后就会大规模脱掉旧叶子，最常见的就是榕树。秋天落叶因为树叶都落光了，只剩下树枝，所以人类很容易发现。而春风扫落叶具有隐蔽性，一是秋风扫落叶给人们形成了思维定式，没有人会注意春风扫落叶这个现象，二是春天落叶它落的是旧叶，在繁盛新叶的遮盖下不细心是观察不出来的。其实叶子多的树几乎每天都在落叶，只不过是平时落得少而已。

秋天百花开？谁敢相信。在2000年的湘南地区，就是十月一号国庆节那几天，粉红的桃花，雪白的梨花，还有其他的花，同时开花，挑战了春天百花开。那年的十月，很多树发芽长了新叶，但是叶子非常稀少，而且开了花，花也是稀少。满山遍野都是野果树，所以给人的感觉还是百花齐放，万紫千红，秋天百花开也就变成了现实。其实只有人类才分春夏秋冬，植物是不分春夏秋冬的。植物是满足它一定的条件它就发芽，满足它一定的条件它就开花，满足它一定的条件它就结果，满足它一定的条件它就落叶。这里的条件一般是温度和湿度及光照等，利用温室种植反季节蔬菜就是这个道理，说不定也可以用大棚温室种植反季节果树。企业管理也是一样的，有的问题很明显，每个人都看得到，有的问题具有隐蔽性，几乎没有人看得到。谁能够把那些普通人看不见的事情处理妥当，谁就可能成为优秀的企业管理员。

当今世界企业如雨后春笋，谁茁壮成长，谁中途折腰，并非听天由命。本套企业管理方法特别适合订单多，产品型号多，产品部件多，产品单价低，工人多，物料进出频繁的普通企业，其他类型的企业也可以参考。本书案例大部分出自鞋业企业，但适合所有用部件组装成产品的企业。

有些人会认为聘用一名精明能干的人就可以管好企业。其实企业靠某个精明能干的人终究不是长久之计，除非这个人能够帮企业制定先进的企业制度。企业靠先进的企业制度管理才能千秋万代永盛不衰。没有利润，企业就不能生存，但也不能追求利润最大化。从长期来看企业的产品质量与管理方法是成正比的，科学的管理方法才能保证产品质量长期稳定。企业盈利需要企业业务部、生产部、财务部等各部门的良性运作。有人认为质量差是没有高科技水平，那有的产品根本就不需要什么科技水平为什么质量也差呢？本书虽然不直接讲质量，但会讲很多间接提高产品质量的方法。假如今天来材料，今天就要工人做出来，今天就要出货，那今天就比较难顾质量了。

企业管理的内容分为两部分：一是管人，二是管物。普通企业管人最简单最有效的方法就是灵活补贴和灵活扣款，让做事的人心安理得，让违纪违规的行为不得寸进尺。物分为固定的和流动的两类。固定的如厂房机台比较好管，与产品相关的流动材料及周转资金比较难管。流动材料接近于我们平常所说的提高产量，提高质量，节省材料等。因为物都是需要人来控制的，所以管物终究还是在于管人，本书花了大篇幅讲用人之道。本套企业管理学的重点是研究企业管理员的言行，最大的特色就是从心理学的角度研究管理学。

企业管理学最基本的原则就是大事化小，小事化明了，注意不是小事化了，一了百了。本书所讲的管理学的本质与作用是化解人与人之间的心里矛盾，平衡利益矛盾，保护正当利益。大事都是由成千上万的小事构成的，小事都是由细节构成的。有的不利的小事情不处理好的话，往往会发生连锁反应，造成大问题。有时候问题越大，解决问题的方法反而越简单。企业管理不是管的越严要求越高就表示管理水平越高。千里之堤溃于蚁穴，企业把一些细节做好了，自然就一帆风顺，财源滚滚。

本书明确了科学制作生产指令单的重要性，突出了配套、补数、点数及按单核算等企业时刻存在的重点问题。注意每个企业都有自己的特点，本书讲述的方法和理论并不是适合所有企业。学会计学或企业管理学的人要是能先看本书的话，就会轻而易举地上手。本书通过分析真实案例，以“快速、准确、精简、筹划、防范”五大总原则为主旨，点多面广，强调方法正确的重要性。

懒是人的天性，科学的管理学不但要想办法把事情做好，还要给人偷懒提供机会。员工体累，管理心累，老板头累，谁也不轻松，谁也不容易，总之运用科学的方法开开心心加油干始终是硬道理。不允许可怜正常人的正常劳动，我们不但要发扬艰苦奋斗的精神，而且要干的轻松，干的顺心，干的开心。

目录 CONTENTS

企业说词解释

为了方便一些没有工厂经验的人阅读本书，需要对企业里面一些常用的说词进行解释。

现在手机很常用，我们拿手机来打比方。比如现在我们厂里要生产 1000 部手机。一部手机是由很多个部件构成的。其中一个部件叫后盖，我们下采购单给五金厂做后盖可能下 1002 个。多出来的这 2 个在工厂里面叫预补数，防止不够所以多采购 2 个。最后 1000 部手机没完成，还要五金厂做后盖来就叫补数，低于一定的比例比如补 8 个，就叫正常补数，高于一定的比例比如还要补 200 个，就叫非正常补数。假如企业计划明天组装这 1000 部手机，结果今天这 1000 个后盖没来，影响明天做不了，就叫材料不配套。打电话叫五金厂赶紧送后盖来的过程就叫催材料或催货。假设现在真的要补 200 个，确定谁来买单，就叫追究责任。五金厂对我们来说就是材料厂。1000 部手机的部件全部到齐了，我们最后组装这 1000 部手机的车间就叫流水线。做好的手机要用小盒子装起来，一定数量的小盒子又要用大纸箱装。盒子和纸箱这些就属于包装材料，把手机装进小盒子和大箱子里的工作叫包装。五金厂在送货前要先给 2 个给我们试一下，这两个就叫样品。五金厂送来的后盖，我们可能还要到别的厂去喷漆，这个喷漆的厂就是我们的加工厂。如果喷漆的时候有 800 个白色特别白，另外 200 个白色有点暗，就形成色差。几乎所有工厂都会遇到色差这个问题。采购员叫五金厂做 1002 个后盖的文字依据叫采购单。企业要生产 1000 部手机，要提前给各个部门下个通知，这个通知就叫生产指令单，很多企业是用电脑制作生产指令单。这个客户做 1000 部这种款式的手机，那个客户做 2000 部另外款式的手机，就会产生多个生产指令单。多个生产指令单就需要编号识别，形成单号。单号是生产指令单编号的简称。假设 1002 个后盖，每个要给五金厂 5 元，这个 5 元就是采购单价。核对这 1002 个是不是算 5010 块钱给五金厂的工作属于财务工作。假设实际五金厂送来 1000 个，开发票开 2000 个，而企业实际给了五金厂 2000 个的钱，也就是没人按单对账，就属于企业财务亏空。所以企业有销量不一定说明企业有利润，这就是其中的原因之一。五金厂送货来，本企业收货的人一般叫仓管员。出大货的时候，客人要两个零头走在前面，这两个就叫船头样。有时候大货出了，客人还来要船头样。把大块材料裁成小块部件的工作叫裁断，规模化的裁断就形成裁断车间。计算小部件需要多少大块材料的过程叫核算耗量，有的材料是按重量算，有的材料是按体积算，不同的材料有不同的计量方式。节省材料是企业控制成本提高利润最好的方法。提前想到接下来一段日子，企业各部门需要做什么事情的过程叫安排和计划，在企业里面也叫排单。从仓库拉材料去车间的过程叫领料，双方交接的文字依据叫领料单。假设采购 1000 个后盖只用了 800 个，剩下的 200 个暂时不用就叫半成品库存。假设客人没下单，工人没事做的时候，企业自己做一些产品等客人来买，这种产品属于库存品。客人下了单，等企业做好了，客人反悔不要的产品也称库存品。做完一单多余的部件属于残渣，大块材料裁成小块部件的时候利用不了的部分也属于残渣，被工人做坏了一时没办法再利用的部件也属于残渣。注意残渣与半成品库存不是同一个概念，残渣一般是不能批量用来生产产品的。生产主管是厂长，生产副总，生产部经理，生产管理员等的统称。假设某个部件数量不够，而又没办法及时补起来，造成 1000 部手机只能做出 980 部手机，而客户又等不及，另外 20 部不要了，这种情况叫短装。短装是企业管理人员安慰自己的一种委婉的说法，还有个不好听的说法叫出不了货。短装对企业来说是明显的亏损，因为短装的产品，企业要支付材料费和工钱，但收不到客户的货款。企业制造一个部件或产品需要一个辅助性的工具，这个工具叫模具。例如炒菜，把炒熟的菜当成产品，那炒菜用的锅在工厂里面就相当于模具。材料厂的送货文字凭证或采购员购买材料所取得的文字凭证叫发票。这单做 1000 部手机，只算 1000 个部件的货款给材料厂，只算 1000 部手机的工资给计件的工人，补数另外处理，这种算账方法叫按单核算。企业工人的工资计算方式一般有计件，计时，月薪三种。月薪比较适合管理人员，以完成自己的本职工作为职责。计时是按小时算工资和加班费。计件分为个人计件和集体计件。计件分三种模式无保底计件，保底或计件，保底加计件。保底计件指的是计件工资低于保底就拿保底工资，不低于保底就拿计件工资。对企业财产进行清点的工作叫盘点。工厂里的原材料或半成品有的用筐子装，有的用袋子装，就需要写明里面装的是什么东西，有的直接写在袋子上面，有的用个纸条贴在上面，叫标签。五金厂送来的后盖，我们要对其质量进行检查的工作叫品检，一个一个检查叫全检，抽查几个检查叫抽检。比如你去买手机的时候，人家会问你要什么款式，这个款式在企业里面就是产品型号的意思。整单生产在企业里面叫做大货，与大货相对应的是少量的尾数和补数。

一般的企业分为开发部、业务部、人事部、生产部、财务部等。生产部是普通企业的主要部门，包括采购、仓库、生产车间等。开发部是负责开发新产品、做样品、设计模具以及给生产车间提供技术咨询与服务的部门。业务部是负责推销产品与客户沟通的部门。人事部一般是负责招工人和后勤的部门。财务部是负责算账和收支的部门。

企业先是给客人发送样品。有的客人自己也会拿样品来要求企业照样品做。客人对样品满意的话就会下订单和支付定金，签订合同。企业接下来就是核算材料、制作模具、制作生产指令单下发给各部门。采购员根据生产指令单采购材料或部件及包装材料。仓管员收材料时需要点数，在发票上面签字，有的材料是采购员买来的，有的材料是材料厂送来的。人家拿了这个发票就可以去企业财务部结算货款。仓库收到材料后就要发给车间或加工厂进行加工。很多轻工业企业最后一道工序都是组装，组装好后再包装。工人做了事就要给工人工资。包装好后就叫客人来验货。最后就是一手交钱一手交货，有的客人欠账。

轻工业企业的材料分为两类：一类是采购直接构成产品

的部件；另一类是采购原材料，用原材料做成产品部件。在企业里面原材料，产品部件，辅助材料，包装材料统称为材料，也可以称为物料，催收材料也叫催货。一般的产品都是由部件构成的，做产品就要先做部件，有的部件需要进行加工，有的部件要先行组装，最后再是进行总装和包装。

企业管理的总原则

快速　指的是速度快，有速度是有质量的保证。速度快包括快速制作生产指令单、快速采购材料、快速制作模具、催货积极、车间快速生产、快速补数、快速处理生产异常问题、快速处理库存品、快速处理残渣、快速处理人事变动、快速催收货款等。

准确　指的是企业各部门统计数据准确。多人审核，确保生产指令单上的数据万无一失。材料耗量计算准确。采购单一定要对应本厂统一的生产指令单编号，坚持按单采购原则。仓库收货坚持按单收货的原则。仓库上报入库数据准确。车间上报生产数据准确。不按单入库的材料可以建立进出存账，按单入库的材料可以记流水账。各部门一定要点准入库的大数，一般指的是包数或件数。补数数据一定要准确，不是万不得已不得按估计补数。

精简　这是管理学的精髓，也是最基本的管理学原则。现实中很多企业都把这个最重要的原则给忽略了。精简自然会提高企业办事效率，精简自然会提高企业数据的准确性，精简会给企业内部带来很大的方便。即该做的一定要做好，不该做的坚决不做，该要的岗位一定要，不该要的岗位坚决不要，不重复做事，不没事惹事，不把小事闹成大事，不考虑要赖皮。精简包括机构精简、人员精简、办事手续精简、办事事项精简等。

筹划　指的是安排与计划，一般可分为月计划，周计划，日计划。日计划指的是管理人员每天下班前要把明天做的事一项一项地用便签记载，第二天再去一项一项地落实，劳动密集型企业日计划很重要。周计划一般要计划两周，以总装车间为基准计划，所有配套物料尽量在总装车间生产前到位。周转资金的合理利用也是企业需要考虑的问题。

防范　指的是防止不利的事项出现。一是防止出现生产问题，防止统计数据出错，防止管理人员和外加工或材料厂犯错。小错小罚可以防止大错，特殊的事项各部门要相互交代清楚，物料归类摆放，防止错位找不到，车门关好绳子绑紧防止掉在路上，防止工伤事故等。二是防止财务亏空，方法是生产指令单编号连续，按单核算，建立账目，盘点。三是防止灾害，主要是防火灾，车间及楼梯通道上班时间坚决不乱上锁，个别岗位不聘用吸烟的人，每个工人都要学会使用消防工具，严禁乱拉电线。四是防止客户丢失，经常与客户保持联系，重视客户反映的问题，及时处理客户投诉。五是防止管理人员腐败，坚持外加工就近原则，坚持谁打样谁做大货原则，坚持主要材料供应商稳定原则，严禁月薪管理人员长时间从事非赶货或补数的计件工作。

丰衣足食 根深蒂固

某企业食堂采用承包制，工人吃一餐给一餐的钱，饭 1 块钱一份，菜有的 2 块钱一份，有的 3 块钱一份，有的 5 块钱一份。工人平均大概要 6 块钱一餐，加早餐，平均大概每月伙食费在 400 到 600 块之间。表面上看没什么问题，丰富多彩，工人随便挑随便选，但现实中问题就大了。有的工人打三份菜，付一份的饭钱，而实际又是两个工人在吃。有的工人就是不要菜，只要一份饭，因为饭是自己打，所以他这 1 块钱饭食堂是要亏损的。有的工人只打一份青菜，又想要点肉菜汤，食堂打菜的工人回答没打这份菜不能给这个汤。有的工人干脆早餐都不吃，当然也是起床晚，来不及吃，如果有免费的早餐再来不及也要吃。后来食堂老板连饭也控制，用小碗蒸，有的 5 毛一份，有的 1 块钱一份。经常吃 1 块一份饭的，偶尔吃份 5 毛钱的饭，食堂老板这个 5 毛也会免收。中午卖 3 块的没卖完的菜，到了下午就会卖 2 块，企业食堂比外面还是要便宜很多。节俭的工人吃饭的时候，难免会产生自卑感，有的还怕不好意思把饭打包回宿舍吃，其实不管在哪里吃都是一样的。离职的工人个个都反映食堂太贵。工人在挑选饭菜种类的时候以及付款和找零钱的时候，其实企业也是在浪费工人宝贵的时间，人多的企业吃餐饭还要排长队。

这里食堂老板明码标价，不欺不诈，本身没错。企业老板不收食堂水费、电费、房租费，本身也没错。工人对企业食堂不满意好像也是有道理。企业老板可能会认为企业鸟语花香，四季如春，宾至如归。工人可能认为朝不保夕，饥寒交迫，金窝银窝不如自家的狗窝，什么时候中彩什么时候就销声匿迹。食堂老板可能在想工人个个都非常节省，就没几个舍得吃点好的，工人也是越来越少，再亏下去也要跑路了。

食堂管理也属于企业管理的范围，而且是重中之重。军队作战都是重点保护粮道。素有切其水源，断其粮道，不出三日，敌军必破的说法。工人吃一餐给一餐的钱，对企业非常不利。对有些人，企业是没有办法的。一是过分节俭的人，有的是从小养成了过分节俭的习惯，有的是家庭有什么困难迫不得已。穷人是现实的主角，富人是剧场的主角。二是赌徒，三五天就把工资赌光。三是突发情况，比如九月一号开学了，那工人 8 月份发的工资就全部要给孩子去交学费，预留的伙食费就会不足。一旦工人饿肚子，肯定不会把责任推给自己，绝对会把责任推给企业，怪企业工资低，进而产生要求加工资或换厂的想法。要是企业包吃包住，那工人每个月只要留 200 块钱就够用了。要是吃一餐给一餐的钱，工人每月要留 1000 块伙食费。他这 1000 块说不定有的是花在别的地方去了，但工人从心理上会认为是全部吃饭吃掉了。在不包吃住的企业里面，一方面工人一进厂就要先垫付 1000 多块钱的伙食费，另一方面打工的先天心理矛盾就是担心拿不到工资。也就是说工人一进厂就与企业产生了不可调和的心理矛盾。工人的心愿不是要吃得好，而是要填得饱，是想人人平等，是希望多拿几块钱回家过年，宁愿平时吃点苦，也希望过个风光年。企业食堂千万不能控制米饭，菜不够吃的工人可以自己买点辣酱，保证肚子填饱。

留人要留人心，所以企业尽量包吃包住，也可以采用从工资里扣伙食费的包吃包住形式，还有种特殊的就是企业与最近的饭店合作。借支现金作生活费吃一餐付一餐实在是下策中的下策。高工资不是留人的唯一方法，工人稳定则企业产量稳定，质量稳定。企业不包吃包住还有可能会引起员工盗窃企业财产。

比如我是工人，我在这个地方打工赚到钱了，那我就会介绍我的亲戚朋友来这个地方。相反比如我在这里 3500 块钱一个月，而实际可支配的只有 2500 块钱，那我就会尽量反对我的亲戚朋友跟我来。不包吃包住也是造成企业缺工人的一大原因。有的企业采用高额的进厂补贴，相互挖人。有的企业就是支付高额的介绍费。有的企业就是聘用管理员，附带要有工人跟随的条件。个别企业甚至采用欺骗手段招工，拒绝或规避兑现招工时候的承诺。

工人多的企业如果不包吃住，就会产生一个特殊的问题，这个问题就叫借支伙食费。有的大企业每月固定两个日期给工人借支伙食费。新进工厂的工人一般对企业有一定的适应过程，受一点委屈或压力拿了借支的生活费马上就不干了。有的工人因为借多借少，借与不借会与企业领导产生矛盾，进而把牢骚发在工作上面。工厂里面的月光族，一旦到了快发工资的前一个星期就会青黄不接。有的企业每月都有发工资，每月还可以借支一次伙食费，企业可能会认为自己做到位了。实际上工人在企业里面填不饱肚子，企业终究脱不了关系。如果企业最基本的吃住的问题没有解决，那些组织工人旅游，组织工人过生日等福利待遇基本都成了摆设。

为节省成本，企业可以不分管理员食堂和工人食堂，每餐的菜也可以单一化，例如中餐就两种菜，不按老规矩，不分什么荤菜与素菜，每餐就给工人两块小小的肉塞下牙缝就可以了，工人没得选择，人人平等。一般三百人的企业只要三个工人就可以把食堂全部工作搞定。少用油多用水不要紧，就是不能用地沟油。

为防止大企业工人下班打卡和打饭排长队，企业可以采用时间错位的办法。一个部门提前 10 分钟上下班，另一个部门推后 10 分钟上下班。企业集体宿舍争取不安排同一部门住同一宿舍，因为各部门晚上加班下班的时间不一致，可以错开洗澡洗衣服排队的时间，延长工人的休息时间。现实中很多企业都是老一套把同一部门的工人安排在同一宿舍。普遍存在一个宿舍 8 个工人同时晚上 10 点下班，每个人花 20 分钟洗澡洗衣服，就要拖到晚上 12 点后才睡觉，有的工人还要玩一会儿手机游戏，而早上 7 点 30 又要起来开早会，一旦旺季来临工人睡眠严重不足。

有规模化组织工人上夜班的企业，一般晚上是要给工人准备夜宵的。最普通的就是白粥，也可以把白天剩下的饭菜拿出来，随便工人自己怎么吃。不包吃住的企业，一般不会考虑这个问题。

企业食堂最好是不要清早去买菜，下午四点去比较好，早上的绿叶菜是 1 块钱一斤，傍晚是 1 块钱一堆，人家称都不给你称，买回来后用水泡起来不要洗，第二天再洗。不过大家都一哄而上，也会出现相反的效果。以前农贸市场有个卖肉的人，早上摊子一摆起来，他就昏天黑地地睡着了。睡到下午 1 点的时候人家把他叫醒了。他眼睛一睁开，发现 10 多个人围着他的摊子，四周看一下别人的肉早就卖光了。本来早上的肉一斤卖三块五，他现在喊一斤要四块五。大家争先恐后抢着要，害得他中午饭都没时间吃，不到四十分钟时间连猪屁股都卖掉了，早上没来得及剃掉。懒人自有懒人福，他今天多收入 180 多块。那时候工价是 20 块一天，他卖一天当人家卖 10 天，高效益。那大家又想问他是不是第二天又睡觉呢？非常遗憾地告诉大家，从那天以后那个卖肉的再也不敢睡觉了。当天杀的猪，要是当天没有把肉卖完，第二天就可能没有人要了。企业产品也是一样，有的一旦错过时机，就卖不出去了。

面对普通百姓的小饭店，炒菜的时候，辣椒灰还是不要烧油的时候放，加水后再放也不迟，要不然吃饭的人会以为饭店不讲究卫生，连沙子都炒熟成了黑色。饭店也有个大问题就是饭做多了，没有那么多的客人，就可能浪费。饭做少了，要是突然来了多的客人，那就会没饭吃。饭店的客户是不确定的，现代社会客人的时间都是宝贵的，这就需要饭店与旁边饭店在竞争的同时进行合作，相互借饭。当旁边饭店人气火爆的时候，也是你的商机，他桌子不够坐的时候，客人自然会坐到你的桌子上来。企业的产业群也是一样的，竞争越大商机也越大。一个地方如果形成了产业群，客人都会望风而来。那企业之间就要注意在竞争的同时保持合作的关系，比如我今天遇到困难完成不了客人的任务，那我的竞争对手有可能今天没事做。企业在有办法的情况下，千万别跟客户说没办法，万万不可叫客人去别的地方去试一下。我们已经进入了经济社会时代，各行各业竞争都非常激烈。

生机勃勃　稳扎稳打

这里指的是有经验的人不一定有能力。因为你要丰富的经验，那人家就要丰厚的报酬，所以企业过分追求经验就抬高了企业的整体工资成本。例如你也要找有经验的厂长，我也要找有经验的厂长，不可能有人一生出来就是厂长。所以个别求职者难免经验造假，而企业经过一两次面试和交谈比较难辨别一个人的能力。踏实实干的人不会随便造假，所以很难升到厂长，副总级的位置，这也是企业很难找到优秀高层管理员的原因之一。这样一来企业就难免偶尔聘用到滥竽充数的高层管理员，个别的还会搞得企业乌烟瘴气。企业追求经验虽然降低了企业的培养成本，同时也给滥竽充数的人提供了机会。大家千万不要认为这个人以前当过厂长就一定有管理经验和管理能力。一个人的能力与一个人所要求的工资高低无关，并不是这个人工资要得高就肯定会做事。工资高能促进一个人的积极性，这种积极性的效果一般是短期的。积极性高不表示对企业一定有利，如果做事方法不正确，积极性越高说不定对企业的危害性越大。加工资可以缓解人的心理矛盾，提高人的积极性，但加工资不能提高人的工作能力，而且这种缓解心理矛盾的效果也是短期的，一般不会超过一年。工资高，企业就有更多机会选拔能力高的人，也可以留住能力高的人。优秀的人才是一看就懂，一听就会，一叫就动，不叫跟着企业计划自觉行动。评价一个人是否有能力，比较简单的方法就是看他学得快不快，而不是看他有没有经验。千万不要传统地认为一个人的字写得好就肯定有能力，也不要认为一个人人高马大就肯定有管理威力。

从长远来讲，有条件的企业自己要储备和培养人才，不能轻易地把希望寄托给别人。对于仓管员、文员、财务员、领料员等岗位，企业要尽量给毕业生机会，而且要把这些岗位作为企业高层管理员的预备队，让企业永远充满活力。企业高层管理员岗位争取内部提拔，有利于调动在职员工的积极性和向进心。企业招工相互之间过分追求经验，归根结底是在相互鼓励自己的员工跳槽。韩信，诸葛亮，孙武，这些人开始都没有带兵的经验，突然带兵就出神入化，这也说明有能力而没有经验照样可以把事情做好。

对于月薪类的岗位，企业尽量采用芝麻开花节节高的工资制度，即设立工龄工资，有利于员工稳定。例如基本工资是 3000 元每月，到第二年的工龄工资每月 300 元。设立工龄工资有很多好处。一是避免相互攀比，抬高工资成本。同样的职位，我刚进企业 3000 元每月，他是老员工因为有工龄奖所以 3600 元每月，那我就没话说，只有等待，等待的本质其实就是稳定。有的企业采用管理员工资保密的制度，保密的意思就是说谁工资要得高企业就满足谁，谁工资要得低企业就欺负谁，造成员工心理不平衡，影响员工的稳定性。二是对春节后返工起到喧宾夺主的效果。拿月薪的人都希望自己年年步步高升，所以每年春节后老板都会遇到月薪的人员要求加工资的现象，一谈得不好，双方就分道扬镳，说不定谁也舍不得谁。如果企业设立工龄奖，打工的就会想我的企业好，自动加工资，我不用找老板谈，也不用换企业，按时上班就是对的，过年都过得开心。其实企业不主动加工资，被动也要加工资，被动就不如主动收买人心。

企业对工人的罚款和扣款尽量当月进行，年底算总账不可取，会影响第二年的返工率。人家年底发奖金，我们年底被企业算总账，有点觉得心里委屈。

事情没做好不一定表示人没能力。企业里面有很多的现实问题。一是企业领导的水平会影响部下的办事效率，但不会影响部下的能力，有时候这个错误的命令你还没完成，另一个错误的命令又来了。二是有近朱者赤近墨者黑的说法。比如说与你打交道的另外五个同级别的人都不会做事，那你一个有能力的人夹在中间也是很难做好的。三是人的工作量超出了人的时间范围。企业里面有的因为有什么关系或是照顾女同志，人家只做一件事，做好了别人不会说他好，做坏了别人也不会说他差。另外一个人没关系靠自己拼，可能做九件事情，他做好了八件，做坏了一件，每个人都会说他人很懒，不会做事。四是超出了工作所需要的空间范围。比如这个工作正常要 100 平方米的位置，而企业只给你 40 平方米的位置，那材料来了只有乱塞。乱塞一大堆的问题就会出现了。材料很难找，找到了又堵在里面半天拉不出来。人家就会说这个人没数据观念，东西有没有进来都不知道，不懂得摆放。空间范围不足时，打工的肩膀顶不起，背也要顶起，因为老板不可能随随便便建一栋厂房来满足你。五是用到了人的缺点。六是企业没有形成科学的生产管理体系。如生产指令单编号复杂，口径不统一，标签混乱，生产没计划，分工不清楚。

工人工资高不表示工人就一定会把事情做好。工资高低是相对的，没有一定的标准。举个例子有个地方政府非常重视环卫工人，工人工资达到了 5000 块钱每月，是当地平均工资的三倍多。结果有个工人拿了工资从来不上班，他花 1500 元每月请别人帮他扫马路。这里意思就是说当工人的工资高到不合理的地步的时候，个别工人不是想着要把企业的事情做好，而是看有没有办法拿了工资而又不进企业的大门。所谓工资高，工人自然就会把事情做好，是片面的说法，责任心强的人工资低也会把事情做好。工人试用期满的一般就表示工人对企业的工资进行了认可。试用期满后离职的工人说工资低一般是个借口，真正的原因说不定是心里受到了委屈。

能力可以归纳为勤快，聪明，威力三者的集合。能力具有先天性，会随着知识的丰富和经验的积累不断提高，与积极性无关，与工资高低无关，与腐败行为无关。有能力的人一般很勤快，勤快的人不一定有能力，这里的勤快包括脑力思维。这个人很腐败不表示这个人没能力，有的腐败分子是把很强的能力用在了不正确的方向，违背原则处事。聪明指的是做事灵活，讲究方法，懂得取舍等。经常听到人说那个小孩子很聪明，这个意思就是说聪明具有先天性，如果没有知识水平的提高，这个聪明就会具有局限性，甚至会死套经验，聪明反被聪明误。例如这个人是你的部下，但又是老板的亲戚，他今天没来上班，你敢不敢叫他来，敢不敢处罚他，这就是威力问题。讲信用也是有威力的体现，有的人说话算话，人家都服他。有很多条件会限制能力的发挥，所以有能力的人也不一定是社会的赢家。

小时候我们学过一个小猫种鱼的寓言故事。农民把玉米种在地里，到了秋天收了很多玉米。小猫看见了把小鱼也种在地里。假设小猫把小鱼种在池塘里呢？小猫要不要种鱼是积极性和决策的问题，而把鱼种在地里还是池塘里是方法问题，别人把玉米种在地里我也把小鱼种在地里，这叫死套经验。把小鱼种在地里就是方法不正确，积极性越高就种得越多，结果就亏得越多。企业里面也是一样的，员工如果方法不正确，积极性越高说不定给企业造成的损失也越大。企业经营和赌博不一样，有的负面影响一时之间是察觉不出来的。

管理人员能力不足比较容易从下列一些事例表现出来。一是经常犯错的人表示能力不足。二是喜欢埋怨部下的人表示能力不足。三是很难调动的人表示能力不足。四是处理问题和考虑问题片面的人表示能力不足。五是不讲信用，随便承诺，应付了事的人表示能力不足。六是经常与他人发生争吵的人表示能力不足。七是喜欢讲下次的人表示能力不足。八是说话明显带有欺软怕硬性质或者带有耍赖皮味道的人表示能力不足。九是说话或文字表述产生歧义的人表示能力不足。十是安排任务经常反复无常的人表示能力不足。十一是连续交代办事，连续不给回复的人表示能力不足。十二是经常讲关我屁事的人表示能力不足。

企业里面有很多的做法是不科学的，但很多人都会认为是对的，他讲不出对的理由，唯一的理由就是以前都是这样做得。对与错，会随着一定的条件相互转化，所以死套经验不一定永远是对的。经验是个中性词，现在很多企业都把它当褒义词，如果企业用那种满肚子都是错误经验的人做企业领导，让错误的经验在企业里面形成思维定式，后果是不堪设想的。而把经验当作褒义词的这个观念，已经在企业界形成了思维定式。在企业里面经常听到有人说“以前都是这样做的”，其实他还想说后面一句。两句话连起来就是“以前都是这样做的，错了不关我的事。”

企业要用绝对性的方式来判断一个人的能力，即这个人行还是不行，不需要与其他人进行比较。相对性的方式判断一个人的能力，指的是通过多人比较得出的结论。“今年这个人不会干，去年那个人很会干”，这种说法体现的就是相对性判断方式。

八仙过海　各显神通

某鞋业企业生产的拖鞋几乎单单开胶，连续三单客人拒绝收货，损失十多万了。最大的两个客户都喊着要绝交了，好在这两个大客户的末端代理人是老板的同学，经常一起打打牌，喝喝酒。危机时刻，企业找来了一位车间主管，他一上任就做好了一单，接下来半年都没出现开胶的问题，解决了企业的大问题，得到了客户的好评。但这个主管有很多缺点。一是干体力活拖拖拉拉。二是喜欢吹牛。三是上班时间喜欢与女工人聊天。四是喝酒不控制量。老板在生产办公室配了部电动麻将机，一些光棍先生天天晚上打麻将，谁今天赢得多，明天就要借出来，否则明天就三缺一。这个车间主管晚上酒喝多了，硬要去办公室看大家打麻将，控制不住往麻将桌上吐一桌酒糟，臭气冲天，搞得麻将桌都放假了好几天。麻将桌子本来是在生产部办公室的，客户看工人打，也坐起来和工人一起打。客户和工人五块十块的打，嫌弃输赢太小，不过瘾，就叫老板下令把麻将桌子抬到老板的办公室去了，他们老板与老板打，一百一百的来。因为麻将桌子是电动的，气得工人是话都说不出来。后来工人只能在宿舍用手戳。第二年老板还是把这个车间主管解雇了。他走后不到一个月，企业里开胶的大问题又旧调重弹了。晚上不加班的时候，我们工人经常打打麻将，一般晚上 11 点前会结束。把麻将桌放在企业生产部办公室，也是世上最开放的企业，可惜好景不长，只放了一个月。

开胶是鞋业企业致命的生产问题。企业应当遵循用人之长，避人之短的原则。所谓人无完人，金无足赤。对于他的优点要认可，对于他的缺点要处罚。

这个老板也是喜欢贪小便宜，天天出短途货都是叫管理员来装车，喝水的钱都不补贴一分，搞得这些管理员个个都是一肚子火气。你叫别人来要 100 块钱装一车，你就给你的管理员 20 块钱一车也可以呀，你的管理员不就自然会干得很开心。特别是一些不值钱的库存品，今天从这里搬到那里，明天又从那里不知道搬到哪里去。这些不值钱的库存品自己仓库里放不下，花钱租仓库，老板自己也知道划不来，所以到处跟别人借位置，到处搬来搬去。企业没有灵活的补贴制度，管理员干额外的体力活一般都会表现懒惰。其实也是积极不得，你一积极的话，老板天天都会叫你，你就天天都没完没了。

一般企业很难找得到人的长处和短处。利用科学的制度管企业，小错小罚，人的短处自然就避开一些了，人对企业有利的方面自然就能得到发挥。举个例子来说。某国有企业出纳员在两年时间里，挪用企业 2000 多万元，在即将交接给别人前出逃。国有企业里面的会计主管怎么能够几年都不查账呢？民营企业老板可能不会给会计主管这个权力。这里出纳员开始可能是挪用 1000 块，发现没人管，过两个月后又挪用 10000 块，发现还是没人管，最后就收不了手了。

管工人也是一样的，比如他今天上班玩手机，我今天罚他五块，他明天又玩手机我明天又罚他五块。大家千万不要认为罚五块太小了，很麻烦开罚款单。人都有得寸进尺的习惯，管理员怕小麻烦，你的工人迟早会给你惹出大麻烦。管理员讲一万句不如开 1 块钱的罚款单。

靠人管理的企业对人的要求非常高，茫茫人海，万里挑一，有能力的没经验，有经验的没能力。靠科学制度管理的企业对人的要求略低，只要人不是非常的荒唐，基本上都可以让企业正常运行。企业动不动就换人，实属下策，往往事与愿违，得不偿失。企业想办法让所有在职人员发挥其最大的潜能才是上策。企业用人基本的原则是用人对企业有利的一面，避人对企业不利的一面。

新开企业一定要注意材料入库和产品出库的位置。尽可能让材料厂和加工厂的车能够直接开进仓库，节省卸货搬运的时间。产品出库的位置尽量另外开一个门专门用来装货柜。仓库地面尽量设计与货柜车的货柜能够平行，让货车的尾巴可以直接与仓库地面对接。再使用一块钢板盖住货柜车与仓库地面之间的裂缝，这样手推车就可以直接拉货进大货柜。原来 6 个人 6 小时可以装一个货柜，现在说不定 3 个人 3 小时就可以装一个货柜。装一个货柜至少可以节省人工成本 180 元，日积月累算下来，这可是一笔不小的收入。假设企业一个月出货 10 次，每年就节省 21600 元，十年就是 20 多万元。企业厂房刚开始设计的时候可能只要 5000 块钱，就可以做到这样装货柜车。

精兵简政　量体裁衣

某鞋业企业大概有 200 个工人。2010 年九月份就实现了年销售额 6000 万元人民币，利润突破 1500 万元，取得了辉煌的业绩。普通的制造业企业平均每个工人一年为企业创造大约 7.5 万元的利润。当年制作生产指令单的人一年不犯错，采购员一年不犯错，仓管员一年不犯错，裁断车间主管很会排模具节省材料且一年没有犯错，流水线车间一年没做坏一单，厂长也是非常有责任心，处理问题速度非常快，管理有方法。被胜利冲昏头脑的老板，突然招个总经理助理，挂在厂长的头上。这个总经理助理很搞笑，他是什么都不懂，他说他懂会计，天天都不知道自己要做什么事情。为了增加利润，赢得老板的认可，他下令降低车间长期稳定的单价，逼拼命干的操作工人离厂。他兴风作浪，用纸写了六七页，说厂里到处乱七八糟，说厂长不会干，说制作生产指令单的人生产指令单制作得乱七八糟，说仓管员签空发票偷材料卖，说裁断车间主管不会管，说流水线一塌糊涂。老板真的相信他而且行动速度很快，九月中旬就赶走厂长，接着赶走流水线车间主管。十月份老板又找来了一个厂长，这个厂长就是后面顺藤摸瓜里面讲的那位，无能腐败分子。那位总经理助理向外加工厂强行推销商品，谁跟他买东西，他就给谁快速结算货款，不跟他买东西他就推迟结算货款的时间。老板发现后直接把他开除了。这个新厂长每隔两天就下令聚餐 K 歌，K 得那个裁断车间主管和那个半成品仓仓管员又私奔。制作生产指令单的员工年底也没得奖金，第二年也没来了。2011 年企业一大堆的问题出来了，生产指令单十有八九是存在错误的，车间浪费材料严重，短装现象严重，产品质量问题严重，大约亏损 90 万元。后来企业换了四五个厂长没有一个满意的，逼不得已在 2013 年又重新召回原来的那位能干的厂长。

增加企业利润的方法很多，但降低已经稳定多年的单价则是唯恐天下不乱。这个企业当时因降低工价被逼走的裁断车间操作工人工资有 6000 多一个月，达到了其他工人的三倍。其实这些工人是早上 6 点起床上班，中午也不休息，晚上又加班到 11 点，总的一天工作和吃饭的时间在 15 个小时以上。这种工人是属于那种比较拼的类型的工人。企业肯定不能主张工人拼命干，但这样的工人绝对是企业宝贵的人力资产，结果被企业无缘无故地逼走了。下令降低工价的高层管理员，看到工人工资高就片面地认为是工价高，没有了解真实情况，脱离实际瞎指挥。逼走原来优秀的工人后，因为招不到新的工人，不到一个月工价又要涨上来。可惜原来的工人已经在别的企业稳定了，不愿意再回来了。

这个企业本身管理水平相当高，企业的规章制度非常完善，生产速度相当快，老板也非常勤快，老板娘自己做仓管员，财务部也要来盘点。企业制度完善，刚毕业的学生妹也可以把财务工作做好，本来要表扬她，可惜人心不知足，异想天开，竟开口叫老板娘给她让位。企业一时用错人不要紧，像小孩不小心跌倒，爬起来就没事了。

这里要讲的就是企业定员要合理，并不是高层管理人员越多就越能创造收益。企业老板一定要注意管理人员钩心斗角，相互陷害，没有证据千万不能随意怀疑或赶走曾经的功臣。任何一个企业想要发展都离不开管理员和工人的付出，当然也不能因为某管理人员带有几个工人就让他在企业一手遮天。

另外也有这样的老板，发现企业效益不怎么好，便采用多招管理人员的方式，以为人多或许可以增加效益。大约 500 人的企业，挂个生产部经理，挂个生产总监，挂个 IE 总监，挂个绩效总监，挂个总经理助理，都是开始吹一阵，最后是没有一个出成绩。本来就工资都发不起的企业，还养那么多人，这些人工资又要得高，企业岂不是雪上加霜。人员超编会产生很多问题：一是工资成本高，二是会引起钩心斗角，三是会故意把小事闹成大事，四是有油水的事大家抢着干，要承担责任的事大家都相互推。

关于裁人，企业一定要谨慎处理，企业老板或高层管理员千万不能把裁人挂在嘴巴上，否则会搞得人心惶惶，真要裁人行动速度一定要快。存在这样的企业，有 600 多人，高层管理员没办法增加企业的利润，天天把裁人挂在嘴巴上。他认为一个人做两个人的事可以减少工资成本。明明两个人做都来不及，他还说两个人的事可以给一个人做，好像工人离开这个企业就没饭吃一样，不到半年工人走得只剩下 200 来个了，给工人的感觉就是企业快要倒了。问题是企业订单充足，工人有的是事做，做不完的事。招到这样的高层管理员，企业也是栽了大跟头。企业裁人一般是一种断枝求生的办法，常见的有季节性裁人，业务量减少裁人。真要裁人，企业速度一定要快，尽量在三五天内各部门同时完成，让该裁的人早做打算，让留下来的人安心工作。很少有企业可以通过裁人来提高企业的利润率。普通企业没有利润一般是缺乏科学的管理方法和科学的规章制度，而裁人并不能提高企业的管理水平。

对于已经辞职的工人，企业尽量当天结算工资，尽量当天安排其出厂门。工资没结算完毕人家就有理由待在厂里，多用企业几桶水，多用企业几度电，有的还会散播负面言论蛊惑人心，有的还会嗦使别人跟他远走高飞，最怕的就是在企业等待发工资的期间发生人身安全事故。

当企业需要辞退管理员的时候，一般要讲实话，速战速决，比如说“你已经不适合在我们企业工作了”，“我们企业暂时容不下你了”等比较委婉的说法都可以。企业领导千万不要故意刁难部下，逼人家自己辞职。发现人家不行，自己不好意思开口，逼人家自己辞职，本质就是自己没有担当，连说句实话都怕不好意思。领导故意刁难部下，首先会让部下产生工作上的反抗情绪，其次会对其他同事产生阴影心里，下次批评别人的时候，别人也会误以为是被下逐客令了。

理想化的高层管理员需要具备下列条件。一是基本的文化知识，在我们中国一般需要高中以上文化水平。二是需要哲学思维，懂得用全面，联系等思维考虑问题。三是需要一定的心理学基础，能够判断别人说话的真伪性。四是勤奋刻苦。五是遵守职业道德，思想健康。没做好怕老板骂人这是较低的职业道德标准，较高的职业道德标准就是让企业有利润，让国家有税收。六是敢做敢当，赏罚分明，讲究信用。

所以当企业快要破产的时候想要招聘一名优秀的副总或者是厂长来扭转乾坤，希望是非常渺茫的。因为企业缺乏选拔人才的方法。我们不管到哪里去面试，人家的第一个问题都是你以前有没有做过。谁要是老实回答没做过，基本上是没戏了。老实人往往不爱斤斤计较，敢于承当责任，讲究公平。谁要是滥竽充数说以前有做过，谁倒是希望来了。这种面试方式让很多企业丧失了活力。有的人认为有能力的人都会有好口才，这是一种片面的想法。当一个问题出来的时候，又没有经验可以参考，要想到最佳的处理方案是需要时间来思考的。好口才一般注重临场发挥，不允许有时间来思考。

自从我们国家普及九年义务教育以后，普通企业对于普通工人基本上不需要选拔了。关键就在于选拔企业管理员。有的企业不重视管理员的素质，还发出企业不缺管理员，只缺工人的感慨。企业个别管理员的工资远远低于企业平均工资就是企业不重视管理员素质的体现。

选拔优秀管理员的最好方法是笔试，而不是面试。我们中国现在高中生和大学生比较多，普通企业是可以选拔到一批优秀管理员的。笔试的好处有：一是假学历的人过不了关。二是会吹牛的人过不了关。三是容易犯错的人过不了关。

博学多才　得心应手

某企业人事部下通知的内容为：“明天放假一天，要上班的要经过人事部批准，不上班的按企业制度处罚”。大家看了个个目瞪口呆。这个人事部副总没读书，只是在那个企业待了十多年，从保安升到人事部副总。那个企业实际上是名存实亡，原来 1500 人的企业，现在只剩下五六个人在食堂吃饭了。这个副总缺乏职业道德，为了给自己找点事做，天天打电话叫人来面试，每天都要接待好几个求职者，都是谈一阵又叫人走。求职者来一趟车费少则几十元，多则两百元以上，还会受到心里打击。这个企业的老板也是压力大，每天都有债权人来逼债。有的 70 岁的老人抱着 3 岁的小孩，全家一起来，坐在办公室里面哭着逼债。有时候老板躲避，不接电话，债权人就用企业的办公电话打电话给老板。老板每天晚上回来都要召集人事部副总、厂长开会，天天都要给他们上课，实际就是把心里的压力找个地方发泄一下。厂长也是受不了，天天叫辞工。人事部副总是不会随便走的，除非老板叫他走，因为他目前是企业的实权人物。他出去就没有哪个企业给他这么高的工资，而且他每隔两天就可以找财务要钱买点小东西，买一次又可以捞点烟钱。财务部的人也没事做，有他的单来也高兴。老板自己都到这个地步了，他还嘲笑那些大学生来跟他要工作，心想我没读一册书我也当老板。他没想到他出生的地理位置比别人好，更有个好爸爸，可惜的是他守不住他爸爸的基业。高利润支撑的时候，他连中国最有名气的明星都请过来了帮他代言产品。代言是假，花几百万想见明星是真，因为产品本身不适合请明星打广告。

另外也有一个鞋业企业采购一批鞋底。鞋底底花是 KT 英文字母，企业里还有一种常用的鞋底底花是 FJ 英文字母。采购员给材料厂下采购单上面写的是英文字母底花。材料厂打电话问是什么底花字母，采购员回答以前都有做过。结果材料厂送货来的是 FJ 底花。一万多双鞋底，两万多元货款，老板气得话都说不出来。这个采购员没读几年书，心有余能力不足。他自己知道是什么意思，但他不懂得用文字向别人表达。企业里面的犯错一般指的是产品与客户确认的样品不相符或与客户合同要求不符。比如某个部件配上去后，产品会与样品不相符。

产生歧义在企业里面是非常可怕的事情，也是比较常见的现象。企业里面生产指令单，采购单，和管理员开给工人的生产单经常会产生歧义，造成损失。管理员文化水平不高或能力水平不高，难免会产生歧义。企业内部下通知绝不能使用专业性的术语，有的普通工人看不懂。

企业管理类的岗位还是尽量设置学历要求，有学历不一定有能力，但有学历就具备一定的文化工作基础。从整体社会而言，有学历的人比没学历的人素质要高一些。有的人没读几册书也很会办事，甚至会办成大事，这个不否定。读书多的人也不一定表示能力就强。

盲目扩大企业规模也是这个企业破产的主要原因之一。我们每个人都希望自己能干一番惊天动地的大事业，每个企业的老板也是一样，都希望自己的企业做大做强。所以企业扩大规模的时候一定要慎重考虑，绝对不能把全部的周转资金拿来扩大规模。企业扩大规模的时候一般要做最坏的打算，要预算情况最坏的时候企业能否承受得起。作为老板而言，让自己的后代学习文化知识和现代科学管理方法也是相当重要的。

万里挑一　以一当十

某鞋业企业一个包装的工人，十六岁开始出来打工，一直在这个企业上班，工价很低，十年没动。整个企业这个工作只有他一个做，产品数量多，所以他的工资有时候是别人的三倍以上。他人很勤快，手脚麻利，一般不耽误企业出货，偶尔来不及，生产主管和仓管员也会经常来帮他。他的工资是个人记件的，来给他帮忙的人，一般都会有一瓶饮料喝，如果整单是别人做的，他还会掏现钱给别人。所以别人来帮他，别人也帮得很开心。他自己很卖力，经常晚上干到 10 点以后，坚持今天的任务今天完成，不过他早上可以晚一些时候来上班，没有固定的时间限制。那么晚下班，偶尔他还要去办公室看一下大家打麻将。谁要是输得没钱打了，他还要顶一会儿。有一次车间堆了十多单产品，不配套不能包装。老板打电话叫他来包装，他就回答老板说不配套不能包装。老板马上找厂长，把厂长骂了一顿，言下之意怪厂长没管好生产配套。厂长去车间转了一圈，回来后回答老板说都可以包装，是工人懒。当天厂长和这个包装的工人就不知道为什么事情吵了一架。然后厂长就跟老板说这个包装的工人很烂，经常都要别人去给他帮忙，说外面有人要来做包装这个工作，工价要得低。听说工价要得低，老板行动速度很快，马上就找这个包装的工人来，说外面人家工价要得低。一个企业最卖力的工人就这样被企业稀里糊涂地辞掉了 。赶货的那次他整整三天三夜不睡觉，最后一单没包装完，就躺在纸箱上面睡着了。然后老板就说给他睡一会儿，不要叫他起来了，大家一起把最后一单包装一下。当然这种高强度的加班，企业十年也只有这一次，说三天三夜也是夸张了一点。要是领导看谁不顺眼，今天就要谁走，今天就会算工资给谁，没有完成的收尾工作扣一点工资，别人帮他收尾。

他走了以后连续三天都没有人来包装，求菩萨一样求来了四个人。厂长现在是躲到一边去了，你们老板自己处理。老板马上给他们把工价从原来的 0.035 元调到 0.045 元。四个人做事，一起上班，一起下班，没有一个人愿意加班。你看着我，我看着你，四个人比不上人家一个。因为拖鞋都是混颜色混号码装在大纸箱里面，每装一件都要从十多个筐子里面各拿一双或几双，一旦分工不清就会脚踩脚，头碰头。如果差一筐就叫材料不配套，没办法包装，这就是开始造成十多单没办法包装的原因。企业没办法了，再叫来四个人，八个人还是比不上人家一个。等老板后悔的时候，已经来不及了，有你的厂长在，人家就不来了。后来老板经常叫仓管员出面，想再请他回来，人家也经常打电话询问企业的情况。藕断丝连，谁也舍不得谁，可惜面子重要，双方谈不拢了。

有的观点会认为这种情况是工人自己不会保护自己，得罪领导。这种观点是纯粹地站在管理者的权威的角度。要是站在企业的角度来考虑这个问题呢？要是所有的企业管理员都把自己的权威放在第一位呢？两夫妻在一起干活都会发生口角争吵呢，更不要说企业里面大部分都是同事关系。这个就是老板被厂长利用把企业最优秀的工人辞掉。其实工人背井离乡都很想工作稳定，真正优秀的工人不会在乎一时的工价高低。正常情况已经稳定的工人不是逼不得已都不会随便辞工。事后老板对厂长是恨之入骨，但怎不能又同时开除厂长吧，那不是乱上添乱。

这个企业平均工资大约 3200 元左右，他一个人平均工资大约 8800 元左右。现在 8 个人分这个 8800 元，平均一个人只有 1100 左右。意味着老板要把单价调到最原来的三倍以上，即 0.035 元乘以 3 等于 0.105 元，后面来包装的工人才拿得到企业的平均工资。算起来相对之下老板一年要亏损 10 万元以上，一个人 20 年就可以帮老板建一栋厂房。这里夸张是夸张了一点，但一年绝对不会低于五万元吧。那个工人在这里一年的工资将近 10 万元，出去后再也找不到这么高工资的工作了。这里提高工价是企业自己造成的，企业没有管理水平抬高了工资成本。

为什么企业十多单不配套，包装不了呢。以前企业一般是比较正常的，很少出现这样的情况。企业规模较小，管理生产的只有三个人，一个厂长，一个生产主管，一个仓管员。生产主管主要负责裁断车间和外加工厂，做事比较细心，能力不是很强，但不惹是生非，基本过得去。这段时间三个人发生了矛盾，都相互推卸责任，带有那种故意相互刁难的性质或者消极的性质。厂长自己又承担采购员的部分职务，因为文化水平不高，经常下错采购单，导致企业亏损。而另一方面企业员工又普遍评价仓管员催货积极，办事能力强。所以厂长有点心里不平衡，总是想找到仓管员的把柄。厂长带着老板去加工厂找材料，说仓管员乱发材料，结果都是空手而归，引起内讧。最后厂长终于找到了理由，说仓管员催货声音太小，害他厂长催货没底气，影响他厂长催货。生不生，死不死，老板又补充一句，说仓管员一个嘴巴催货有什么用，要学习厂长，人家不送货来，就说不要了。厂长的意思明显是警告仓管员功高盖主，老板刚好助纣为虐。说打电话催货还分声音大小，简直是天下奇闻。仓管员每个月电话费接近 200 块，老板从来没补贴过一分钱。现在还说人家一个嘴巴催货没用。仓管员一下子把电话费从 200 块一月降到 30 块一月。货来了就收，货没来就是厂长的事。而厂长本身又是能力不是很强，忘东忘西，催货没系统化，没人反映就不主动。他今天催货，催一下有没有来就不管了，明天没人提醒他就不记得了。企业做的是拖鞋，平均每双拖鞋利润大约 5 毛，企业靠的就是产量，而产量又在于配套，配套又在于催货。一时间大家都不积极主动，造成企业十多单装不了纸箱。仓管员也有找过老板辞职，但老板儿子不同意，小老板才是企业总经理。直到后来老板给仓管员加了 500 块的工资才结束这种局面，这种局面大约持续了两个月。这里就是说企业高层管理处事不谨慎，造成部下心理不满，消极对待工作，进而会提高企业的工资成本。企业材料是靠核算来监督和管理的，不是单单靠两只眼睛看的。这个例子厂长和老板的这种做法叫没证据怀疑人，等于是要赶人走。负面影响发生连锁反应，要干掉这个没干掉，一不小心把另外一个干掉。

这个容易被厂长利用的老板快七十岁了，打麻将都要戴眼镜。工人都不喜欢跟他打，三缺一是没办法，半天出不出个牌，被碰了，又要捡回去，耍赖皮。堂堂大老板，输了 200 块就几天几天地不来。人倒是很勤快，经常两二老装个大货车。老当益壮，夏天他都是脱掉衣服，穿个长短裤，汗水跟下雨一样，短裤也是跟水里捞出来的一样，装得没力气了就叫管理员来帮忙，从来没看见他给过谁一瓶水。人老了办事速度还特别快，从来不考虑后果，错了还是知道后悔。他经常跟工人讲他年轻时候的英雄事迹。他说一天走 100 多里，用自行车拉猪崽，从福建的漳州运到泉州，中途饿得那猪崽是哇哇叫，就是不讲自己饿得哇哇叫。他说他早上五点就要起床做豆腐花，做好后带饭去镇上卖豆腐花，卖不完就要到下午六点才回来。不知道的人都以为老板的位置是从天上掉下来的，都羡慕富二代，没人想到人家祖父创业的艰辛。有的大老板晚上两点还在亲自收货柜车，有的老板娘晚上一点还在亲自点数发货，有的加工厂老板娘一次用二轮摩托车运 8 大包材料。摩托车两边都装了个小铁架，一边放三包，后面在加两包，相当于农村运 8 大包谷子一样，要是没人帮忙扶住摩托车是装不上去的。个别没当过老板的人还以为当老板的都是衣来伸手，饭来张口。

企业还是尽量根据管理员职位的需要给予一定的电话费补贴，要单独体现，充值也可以，千万不要直接算在工资里面，要不然有的管理员就有借口不用手机或不接电话。催货一般不能乱说绝交的话，多打几个电话没关系，也不用担心打扰别人。不要随便相信人家说做好了还没送货，一般材料厂做好了都会马上往外送，很多厂家都缺空间。管理人员当手机里面存储的联系人过多的时候，就在经常联系的人的名字前面加字母 A。

有的高层管理员可能会认为要是老板有很多钱来买材料或者给工人发高工资，那我肯定就可以管得很好。这里就告诉大家，很少见有人不缺钱用，很少见有企业不缺钱用，很少见有国家不缺钱用。因为所有人都缺钱，所以钱才值钱。一般普通企业的周转资金足够应付未来三个月的工资和材料费，还包括材料厂和加工厂允许欠账三个月，就可以算企业周转资金正常。

另外有一个鞋业企业也有这种事情。有一个工人刚进厂4 个月就被评为企业优秀员工，600 多人的企业。第二年他调为仓管员。原来天天被批评的工作岗位，他一上任就天天被表扬，花了 5 天时间把仓库原来的一个垃圾堆整理得干干净净，四个通道也清理得畅通了。生产副总开会的时候说，搞得非常好，大家都要向他学习，明天那边的垃圾堆也要清理一下。果然不出 3 天，另外一个垃圾堆又被清理了。副总发现这个人很卖力，很重实干，不愧是企业的优秀员工，刚好另外一个仓管员辞工了，招不到人来，干脆不招了，给这一个人来干两个人的工作量。你说干不了，副总就说你不试一下你怎么知道。你说时间来不及，副总就说一天最多要你做 24 个小时的事，不可能要你做 25 个小时的事情。那个仓管员管的是鞋底，鞋底是要品检退货点数的，点 500 双鞋底要 8 个小时，很荒唐。本书另外的地方会讲这个问题。随便一天来个 1000 双，一个人一天要 16 个小时来点数，加原本自己这份工作 8 个小时，一天一个人真要 24 个小时，双倍超出一个人的时间范围。干了一个星期，一个人完全做不了。副总就说你干不了，没关系，辞工书交过来，我换别人来干。行动速度很快，第二天就有人来接位，做一天就受不了。又过一天又有人来接位，看一下就不敢接。过了三天又来一个人，还是摇头。原来两个人都没办法做的事，你给一个人来做已经是很荒唐了。自己最优秀的员工做不了，还以为外面的人个个是三头六臂，能隔空取物。一个月后，仓管员找生产副总签字算工资离厂，做梦都没想到企业已经换生产副总了，原来的那位生产副总消失得无影无踪了。

高层管理员想办法让企业盈利，或者扭亏为盈，才是保住自己最好的办法。如果企业高层领导没有能力，但又要做点什么事情来取得老板的认可，往往有时候会使用下策，而他自己又认为是上策，这种情况积极性越高给企业造成的损失可能就会越大。很多企业的高层管理员都在把下策当上策用，没有综合考虑各种因素。

本书涉及的下策包括：

一是欺骗客户。

二是乱动已经稳定的工价，逼走最优秀的工人。

三是不包吃包住。

四是杀一儆百的罚款制度，造成下不为例，习以为常。

五是贪一时单价便宜，随意更换材料厂和加工厂。

六是不按单生产与核算，没事找事做，乱采购材料，乱做半成品和库存品。

七是单号复杂，口径不一，标签混乱。

八是多人重复点数，把部件倒在地板上面点数。

九是呆板的补数责任追究制度，即谁开补数单就划定是谁承担责任。有入库就一定要有出库的呆板财务要求。

十是办事手续复杂。

下列几种思想在企业里面是来不得的：

一是故意把事情惹大，向别人显示自己在做事，向别人突出自己的作用。

二是君子报仇十年不晚。优秀的老板或优秀的管理员绝对不会对自己的部下进行报复，当然也不会报复材料厂和外加工厂。现代经济社会时代主张的是合作共赢，公平竞争。报复别人一般都需要自己付出代价为前提条件。

三是死要面子和权威。有的企业从老板到管理员到工人，所有人都知道这个做法是错的或者没有意义，但所有人都在坚持做，为了维护面子或权威或不得罪人，全部假装糊涂。企业管理员死要面子的背后是经济利益的付出。

四是斤斤计较。很多企业是没有灵活补贴的，工人多做了事是没有多得的。这就需要工人看得开一些，看得远一些，不要斤斤计较。只要上司不是做得很过分，工人在哪个企业就要为哪个企业拼。自从农业税取消后，企业交税就成了国家收入的主要来源。所有工人都要把自己的工作做好，让自己所在的企业盈利，让国家有税收，让行动体现爱国思想。

五是担心部下功高盖主。在企业里面老板一般不用担心高层管理员会抢了自己老板的位置。高层管理员也要有整体思想，部下做得好就是自己做得好，所有部下都做得好，就是自己管得好。其实很多普通企业不缺工人，因为缺乏科学的企业制度和优秀的管理人员，造成企业留不住人，而不是企业招不到人。个别企业高层管理员总是希望自己的部下比自己要差，就能体现自己的能力，招工的时候就朝着这个目标去招工，最终导致整个企业员工素质低下。企业就丧失了竞争力。

工人在企业里面上班时间睡觉是一种很常见的违纪行为。有的企业看到有人睡觉就直接把工人开除，也是不妥，但是看到了不处罚也是不行。看到员工睡觉应该给工人一点警告，当然要罚款，不可视而不见，同时也要给人改过的机会，所谓事不过三。工人太过分了该辞退的还是要辞退。

大事化小　一团和气

某企业是一家大型集团公司，不但生产生活产品，还生产材料产品，也回收利用。周围的其他没有回收功能的企业就会把残渣卖给这个企业。有一个企业送货的司机在称完重量，卸完残料后，又偷偷地拿了一捆残渣装在货车下面那个工具箱里面，想偷出去私自变卖。一般企业的保安都不会检查货车的工具箱，都是打开车门看一下。坏就坏在，他装的时候刚好有个保安在楼上看到了。等他出厂门的时候，三个保安早就恭候多时了，打开工具箱，东西滚出来，抓住证据了，还兴师动众地把治安队的人也叫过来了。五个人拳打脚踢，对付人家一个，打得人家在地上直打滚。有个保安一边打一边说："早就发现你偷东西了，故意等你出厂门的时候好好收拾你一顿"。还是治安队的人提前收手，拉住企业保安，叫别打了，也怕出人命。第二天晚上五六个蒙面人带砍刀直接冲进保安室，见保安就砍，三个保安被砍伤。

这里保安看到人家偷东西的时候说一句叫人家不要这样做，问题就解决了，非要惹事情不可。打人是违法行为，治安队打人也是违法行为，解决不了问题，不可取。再说被打的人，你本来偷东西就不对，何必要以暴治暴，产生更大的伤害。这里比较好的处理方法就是发现问题后上报企业领导，且不可打人。企业领导要对送残料来的企业罚款，对保安进行小额奖励。企业也可以得到一笔小小的收入。不要担心罚款收不到，首先别人企业的货款还在我们企业手上，其次人家的废料拉到远的地方去卖运费要高。而人家企业怎么处罚人家的工人，我们不需要去管。因为没处理好，把事情闹大了，企业亏损几千块医药费，还搞得士气低落，人心惶惶。

员工贪小便宜顺手牵羊从企业拿点东西出厂门是常见的违规行为。企业对这种情况要尽量持宽容态度，视情况而定，企业自己人打自己人绝对不可取。企业防止员工拿东西出厂门的方法有：

一是按单生产，按单核算，定期盘点，不给员工下手的机会或者能够及时发现。普通企业厂房和楼梯多上锁，多装防盗网，多用保安人员是不明智的做法。

二是包吃包住，准时发放工资。企业准时发放工人工资也是有很多优点的。不过这些优点具有隐蔽性，往往很多人看不到。企业准时发放工资会给工人一种企业讲信用的感觉。有的企业工人迟到一分钟就要被罚款，企业拖欠工资半个月都不给工人一分钱利息。准时发放工资对企业招工和留人有很大的正面作用。

三是坚决不允许在企业内部经营地下彩票和电子赌博游戏。

四是厂房与宿舍争取分离，产品或部件特别贵重的企业可以使用金属探测器对下班的工人进行检查。

企业保安一般只能防止小偷小摸，大量的财务亏空靠保安的眼睛和监控器是起不了多大作用的。财务亏空一般是内鬼或里应外合来实现的，有的是利用票据，有的是利用关联方车辆运材料出去，更可怕的是本企业的车拉本企业的财产出去变卖。普通企业保安的队伍还是不要拉得太大的好。

如果企业里面管理员腐败无能到了极点的时候，就会经常发生打架斗殴，财产丢失的情况。企业经常性出现打架斗殴的现象也可以说明一个企业管理水平低下。

某企业的厂长每隔两天就强制要求其他管理员去喝酒 K 歌，一般都是 AA 制。厂长工资高，大约有 12000 元每月，每次 200 块左右消费得起。其他基层管理员工资都是每月 2000 块左右，根本消费不起。无奈之下，个别管理员打起了企业铜板模具的主义。一个月企业就丢失了价值两万多块钱的铜板模具，被财务部盘点发现了。管理员拿铜板模具出去当作废铜卖大概可以卖到 800 块钱左右吧。本来有个专门负责模具的管理员，但他为了方便车间，也是为了方便自己，给了一把钥匙给车间主管。铜板模具丢失有两个特点：一是锁没有被撬开，二是最近生产要用的铜板模具没有丢。明显就是自己人把企业的金属模具偷出去喝酒了。企业老板没有抓住证据，只是怀疑，定不了盗窃罪，没有理由处罚车间主管。那个专门负责管理模具的管理员被罚款了 1200 块钱，每月从工资中扣 200 元，分六个月扣完。他是不是监守自盗也不考虑，定的是失职罪。所以企业一定要每月进行一次盘点。盘点的东西一般包括不按单入库的材料，固定资产，库存产品，异常库存材料，贵重模具等，但一般不盘点按单入库的材料。在企业里面双方关系再好也不能轻易相信别人，不能随便把钥匙给别人，特别是涉及贵重物品的。制造业企业还是要少组织管理员 K 歌的好。

企业保安都会遇到一个非常头痛的问题就是工人进出厂门不佩戴厂牌。没厂牌不给工人进门又显得呆板或者不近人情，给工人随便进来又怕被领导批评，两头不是人。现在科学技术都很发达了，可以在保安室里面装一个打卡机。刷脸打卡，指纹打卡都可以，谁打得了卡就放谁进来。有的可以设置提问，比如你车间主管叫什么名字，答对了就要给工人进来。每次出去都要带厂牌，几乎是没有工人做得到的。有的企业领导明明知道有些事情是没办法做得到的，可就是要那样要求。

疑人要用　用人要疑

某鞋业企业仓管员接到材料厂的送货单，车是空的，货送到加工厂去了，8000 多元货款。送货的司机说是你们采购员订的货，也是采购员安排的送货地点，只要仓管员签字就可以了。仓管员就说谁收的货就叫谁去签字。明显仓管员签字就表示签空头发票。采购员是老板的小姨子，加工厂是采购员与别人合伙的工厂，明显就是采购员在为他自己的加工厂采购材料，而又想把货款算在他姐夫企业的头上。两个月后，老板娘对账发现，不是本企业仓管员签的名，材料厂也来结账，查清楚后把她妹妹大骂一顿。

用人不疑，疑人不用是用来表示用人的决心的，实际上是揭竿而起时代用来骗人的。现在我们国家政治制度和法律制度相对比较完善，以暴制暴，占山为王，揭竿而起，藩镇割据，这些绝对是不可取的。这里企业没有会计核算工作是让人有机可乘的根源。而老板又传统地认为是自己的小姨子就比较放心。并不是说企业用亲戚就一定是错的。汉景帝任他的小舅子窦英当丞相，窦英廉洁自律，公正无私，当得很好，历史评价也好。第二年老板把小姨子换掉了，换人终究不是办法，换人来肯定是重蹈覆辙。在不触犯刑法，又自己认为没人察觉的情况下，很少有人挡得住利益的诱惑。企业正确的做法是能按单采购的坚决按单采购，不能按单入库的材料要建立进出存账，这样不管是别人还是小姨子，都不敢乱来。

科学的管理学，岗位一旦定员是谁来都一样，不相信任何人，不怀疑任何人，讲的是证据，靠的是科学的管理方法。人心叵测，不如不测，害人之心不可有，防人之心不可无。

这里假设仓管员签字了，那就属于采购员，仓管员，加工厂合伙利用虚假发票，盗卖企业财产，造成企业财务亏空。材料厂不知情，不需要承担责任。仓管员没有当场告老板，是因为这个采购员虽然是老板的小姨子，但从来不摆架子，从来不发脾气，一般三番四次交代的事情都会办好。最怕的就是老板的女婿来当采购员，事情办不好还口气大，动不动就做出一副要打人的样子，过后又嬉皮笑脸。要是老板发现了，仓管员不用掺和进来，要是老板没发现，你们都是一家人，肥水不流外人田。 当老板的为什么不把采购员这个位置给别人做，就是带有这个意思。仓管员三番四次次告诉老板要采购员标明发票单号，材料要记账，但老板有点不在乎，作为打工的尽到了自己的责任。职场上也是各有各的难处。

企业对高层管理员和有权调度资产的员工身份的真实性一定要进行验证。这里的验证不是说一定要用本地人或熟人。有这样的实例，厂长下令把货运到指定的地方，结果厂长和货都无影无踪了。企业报案后才发现厂长的身份证是假的。也存在这样的情况，企业发工资的时候一次性把 20 多个工人的工资发给管理员，叫管理员分给工人。结果管理员拿到 6 万多块钱，自己跑掉了。企业又不得不再拿 6 万来给工人发工资。企业发工资还是不要怕麻烦，一个一个地发，也可以银行代发。采购员出门尽量不要带太多现金，超出一定数额的货款尽量网上汇款，网上汇款也要有限度，超大额汇款尽量到银行柜台办理。

严以律己　与时俱进

某钟表企业老板是花天酒地，不理朝政，好久才到企业走马观花一次。得宠情人掌管企业大印，倾权朝野。其弟是企业采购员。所谓一人得宠，全家受益。生产部经理和仓库主管通通都是老板旧情。厂长天天在保安室招兵买马，门庭若市，工人进出络绎不绝。工资是一拖再拖，一月份的工资六月份发，工人个个是叫苦连天。工人宿舍的床架中间只有一根横梁，床板鞭长莫及，薄如纸张。睡上铺的工人一不小心就会坐跷跷板，随时都有掉到下铺的危险。睡觉时床板开裂的咔嚓声吓得工人个个心惊胆跳。仓库半成品是各式各样，堆积如山。企业是身无分文，连手套都买不起。好不容易来了五十双手套，仓管员赶紧先藏十双，以防十万火急。另外的四十双手套没在仓库待上一个小时就无影无踪了。姗姗来迟的车间，领料单开的是二十双，结果只能拿到五双。其实这五双还是仓管公平对待有意留给他们的。因为领料单的数据不得涂改，拿五双手套还要重新开个领料单来。生产部经理是婀娜多姿，性格文雅，气质不凡；仓库主管则是纯粹的辣婆；得宠情人是个矮个子，只是未婚。得宠情人很会讨得老板欢心。老板生日那天大操大办三十多桌，全厂员工个个有份。好多工人都是人生第一次品尝美味佳肴，心想就算工资打水漂，也不枉此生。工人不但把啤酒和葡萄酒干得精光，还把企业里小超市的白酒赊得精光。入厂工作满一个月的工人就可以到超市里赊购两百元以下的商品。要是工人逃跑了，超市可以直接找企业财务报账。千金难买一醉，十多个工人醉得四脚朝天，好在没有人一命呜呼。四个保安抬一个，把那些醉倒的工人抬上进宿舍楼。保安早已接到命令，滴酒不沾，严阵以待，可见企业领导经验丰富。岂有此理，难道保安功高劳苦就没得吃喝，百思不解，是不是还有一桌在什么地方含苞待放呢?

这里采购员利用企业变卖旧厂房，租住新厂房的机会，违背职业道德，丧尽天良，连床架床板都偷工减料，无孔不入，草菅人命。傀儡厂长有苦难言，委曲求全。所以说小孩也能当厂长，而且比个别人要当得好。小孩是不懂事，正因为不懂事所以他有两个天大的优点。一是工资要得低，只要你对他好，他就给你当厂长。相对于这个厂长，小孩每年可以给企业创造十多万元的价值。二是他绝对不会乱下命令，惹是生非。真有在企业里面乱下命令的高层管理员，给企业造成重大损失。工人以貌取人，以为大厂房就是好厂，岂料人家厂房是租的。肯定每个人都会把矛头指向那位得宠情人，都会认为她是罪魁祸首，死有余辜。老天有眼，佛祖显灵，我宣谕旨，怜香惜玉，无罪释放。靠人管企业，这个管好一阵，那个管坏一阵，竞争力低时赚一阵，竞争力高时亏一阵，躲得了初一，躲不过十五，迟早要倒，只不过是她运气不好，刚好倒在她的手上而已。唐朝覆灭个个怪杨贵妃，最简单的问题汉朝覆灭难道也怪杨贵妃么？

本例子企业有两个严重的问题：一是企业管理人员腐败，广义的管理员也包括老板。二是产品过时，钟表被手机取代，丧失了高利润时代。腐败是根源，因为腐败而企业没办法及时转型。官场腐败到了极点就会导致政府垮台。企业也是一样，如果从老板到管理员全部腐败，企业也是迟早要垮台的。先进的政治制度和法律制度可以防止腐败和打击腐败。如果防止和打击腐败做到位，国家就能长期稳定，这里的稳定指的是不发生大规模内乱。企业也是一样，先进的管理方法和处事原则，可以防止腐败。腐败是有些企业破产的根源。这里并不是说老板用情人或亲戚就一定是错的。入职的时候，人的本身都是好的，就看企业给他营造的环境如何。

这里也不是说企业请工人吃一餐就一定是错的，前提条件是企业要有利润，而且不能经常吃。本书主张企业实现盈利，积极上国家交税，不主张政府用钱扶持那些该破产的企业。国家扶持企业最好的办法就是大力发展教育事业以及加强基础设施建设，为企业培养人才以及提供运输条件。话又说回来，就算企业破产，其曾经对社会经济发展有利的一面还是要认可。

没有科学管理方法的企业需要一定的条件才能生存，甚至有可能会盈利，但普通企业没有管理方法终究不是办法。这些条件包括一是吸收投资，二是负债，三是竞争力低，产品利润高。

提到破产，大家可能有心灰意冷的感觉，但是想要让企业健康发展，就必须研究别人破产的原因。企业要吸取别人破产的教训，才能避免自己重蹈覆辙。企业破产绝大多数是多方面原因会集造成的，大部分归根结底是没有科学的管理方法。靠增加投资，靠负债，靠等待市场前景好转，都不如靠先进的管理方法，实现赢利，愿天下企业都不因为亏损而破产。

分化风险　公平对待

有个玩具厂向国外出售一批价值 6000 万美元的玩具，折合人民币近 4 个亿，货全部出完了，就等着收款了。结果等来的不是钱，而是产品不符合环保要求的证明书，说是玩具上面涂的一层油漆含铅超标。这个老板对工人很好，在确认工人工资全部发完后，自己在厂房的一个角落里自缢了。老板用结束生命的方式来对材料厂和外加工厂承担责任。

这里的意思就是说，收益越大风险就越大，越是大客户大订单给自己埋下的隐患也越大，企业要有防范这种风险的意识。

一是客户不下定金的，企业尽量不下发生产指令单。现实中存在这种情况，客户空口叫做产品，真的做起来了，客人又不要。

二是给客户欠到一定额度货款时，一定要考虑自己还有没有实力给客户欠账，一定要考虑客户破产会不会引起自己破产。这一条是目前很多企业面临的超级大问题。一般企业不会随便向外泄漏自己的财务状况，个别欣欣向荣的企业说不定一夜之间就破产了。

三是遇到超级大单的时候，尽量分批次出货，分批次收款，分化风险。不符合环保要求的产品或者污染环境的企业，不管是政府还是社会都不能纵容。至于这里客户是不是故意的，我们也不需要考虑这个问题。企业自身没有防范风险的意识，是自己吃亏的根本原因。

中国古代有成败亦萧何的说法。今天你最好的客户，明天有可能你会倒在他的手上，就需要企业公平对待所有客户，公平对待所有材料厂和加工厂，公平对待所有工人。这里的公平指的是大概的公平，世上没有绝对的公平，不要让其他的对象产生心里不满就可以了。

对客户公平包括收取定金公平，质量要求公平，出货速度公平，单价尽量公平，催收货款公平，允许欠款的比例公平。

对材料厂和加工厂公平包括不随便更换厂家，季节性排单公平，价格公平，不随便把责任推卸给材料厂和加工厂，货款支付公平。造成对材料厂和加工厂不公平的原因主要是管理人员收回扣在作怪，一般单价高低是次要原因。很多高层管理员都会用单价低作为借口，随便更换材料厂和加工厂，给自己创造收回扣的机会，最终给企业造成一些不利的后果。最常见的就是我帮你做的样品，你把大货给别人做。你以后做样品叫别人帮你做，别再叫我了。对材料厂或加工厂不公平，从短期来看有的对企业有利，从长期来看对企业非常不利。

对工人公平包括基本工价公平，灵活补贴公平，追究责任公平，任务划分公平，对工作的要求公平。招聘工人的时候，有的工作要求有学历有能力，没有学历没有能力的人不会被企业录取，这种不属于企业不公平。

我们中国的法律明确规定了，公司制企业投资人以出资额对企业承担责任。意思就是说公司破产，公司老板是不需要牺牲性命的。之所以有老板牺牲生命，除了经济压力外，还有个面子压力。放不下面子的人相当难成功，胜败乃兵家常事。破解面子问题很难，但可以用下列方法试一试。

一是正确认识创办企业的目的。企业是以盈利为目的的组织机构，长期没有利润企业就不能生存，但也不能追求利润最大化。与企业利益相关联的是老板，客户，工人，材料厂，加工厂，还有一个特殊的国家。科学的管理学就是要找到这几个关联方利益分配的平衡点。老板也就是投资者要合法经营，不能随意抽逃企业资金，也不要把企业所有的利润全部进行分配。企业不偷税，不逃税，也不要盲目攀比纳税。就算企业破产，企业对社会也是有贡献作用的一面。

二是不要太在意别人的评论。因为不同的人说话会站在不同的角度。员工一般都会说老板小气。做老板的不要认为把亲戚安排在企业里面拿高工资，就会显得自己有面子。企业对外捐赠要量力而行。公司制企业若发现资不抵债到了严重地步的时候，可以宣布破产清算，由国家机关处理。老板放下面子，就不用顶着被逼债的压力。公司制企业老板一般就算破产，自己家人未来两年的家庭生活费一般不会出问题。一旦轻生，就绝对没有东山再起的机会了。

三是不要盲目追求企业规模扩张。企业的规模要以业务量来确定。企业要合法经营，不要利用虚假财务报表来融资。因为融资并不能直接提高企业的管理水平。如果企业因为管理水平低下造成企业亏损，那再融资说不定也是延续企业的寿命。

千方百计　齐心协力

以前有位农民带领乡亲们千里迢迢去挑码头。听说他当年赚的钱是放都没地方放，倘若掀开他的床板，一定让你目瞪口呆。时隔五年，他决定另辟蹊径，在老家县城开了一个小工厂，生产手提塑料袋。他负责进料生产，他老婆负责卖产品，本想一显身手，大展宏图。夫妻都非常好客，亲朋好友纷至沓来。无赖他老婆疑心重重，担心他寻花问柳，便存私房钱以备后患。夫妻同床异梦，反目成仇。最后他是倾家荡产，债台高筑，众叛亲离，拔剑自刎，与世长辞。

此人走南闯北，夙兴夜寐，是条硬汉子。这里他破产的根本原因就是不会使用算盘，说简单点就是不会算账，在企业里称为会计。不管是你老婆还是别人，拿了你多少产品，要给你多少钱，一定要清清楚楚。在家里要坚持家和万事兴的原则，在企业里面要坚持军中无父子的原则。如果夫妻齐心协力，或许不会破产，但没有算账工作的企业绝对扩大不得。好客也是加速他们破产的原因，想要当好老板就不要怕别人说自己小气。特别是开在县城或小镇上的个体户企业，亲戚来了有饭给人吃就可以了，千万不要好酒好肉地招待所有亲朋好友，因为人家来了第一次还会有第二次。这里还说明一个问题就是如果方法不正确，就不如偷懒不干。我们首先要肯定敢闯敢拼的精神，其次一定要讲究方法。

有利润不一定表示一个企业的管理水平高，有的是竞争力低，高利润在支撑。一个企业管理水平的高低可以从下面一些小方面来判断。

一是员工是否稳定，不稳定指的是这个辞职还没离厂，那个又要辞职。不过国有企业不能用这一条来判断。与员工不稳定相对应的就是企业天天招兵买马，今天进三个，今天出三个。所以有人发出感慨，天天招工的企业不是好企业，天天找工作的工人也不是好工人。

二是生产指令单制作是否科学。

三是是否经常短装。

四是是否按单核算。

五是是否有合理的补贴和扣款制度。

六是是否包吃包住。

科学的管理学理论必须走出下列一些误区：

一是认为有销量就一定会有利润。企业有产品销量不一定会盈利，但有销量而且客户不单一，企业的周转资金一般就会比较活。

二是认为人多就力量大。人多创造的总量价值一般比较大，但总成本也大，平均创造的价值不一定大。企业规模大也不一定说明企业发展前景就好。

三是认为管得越严要求越高就说明管理水平高。有句话叫过分的谦虚等于骄傲。过分的严格等于生搬硬套。

四是认为有的人是可靠的。科学的管理学不分人可靠与人不可靠，统统一视同仁，不怀疑任何人，不相信任何人。企业规章制度一旦确定任何人都要遵守。

五是企业利润最大化对企业非常有利。当企业利润最大的时候，与企业相关的单位的承受能力也就达到了极限。如果客户承受企业的单价达到了极限，那客户重新选择合作对象的时间也就来了。利润等于收入减费用。当利润最大化时候，要么收入达到了最大化，要么费用降到了最小化。收入一般来源于客户。费用一般包括工人工资和材料成本。工人工资最低的时候必然导致工人流失。材料成本降到最低的时候，或许会导致材料厂或加工厂解除合作关系。从长远着想企业还是要考虑细水长流。

闺女出阁　千呼万唤

某鞋业企业经常出货短装，每次出货的时候高层领导都是安排品检部的人员应付客户，自己都是躲得远远的。十次出货九次短装，几乎每次都是预料之中的事情。来不及的时候今天给客人先出三分之一空运，明天又给客人出三分之一空运。今天这单按客人要求先做一点，明天那单又按客人要求先做一点。一个企业没有安排计划，没人管配套，被客人催的很惨。企业高层领导都是得过且过，相互推卸责任。举个简单的例子，有一次同一个客人九款鞋子，有三款鞋子包装纸箱上面的字母印刷错了。本身是个很小的问题，用胶纸打印几个正确的字母贴在那个错误的上面，问题就解决了。首先是工人发现了，上报仓管员，仓管员上报仓库主管，仓库主管上报生产主管，生产主管找采购员麻烦。五六个人同时聚集，来讨论怎么处理这个问题，结果不了了之，下令工人先装箱。一个星期后客人来验货了，拿九箱验货，大惊失色，发现三箱连纸箱上面印刷的字母都错了，再加上另外的颜色装错了三箱。十双鞋子装一箱，每箱装错了一双。装错的是颜色，比如本来一箱要十双白色的，结果里面混了一双黑色的。意思就是说客人验货九箱产品，六箱出了问题。因为包装出问题的几率就是三分之二，产品质量还先放一边。这种情况肯定是要被客人索赔的，轻则一两万块，重则几十万块。

纸箱印刷错了几个字母，本来一个人一个上午就可以解决的问题，硬是要等到客人来发现。这个企业其他的事情也是一样，没有人主动去处理问题，都是眼睁睁看着企业出不了货。企业领导都是早上开一下早会，其实就是集合一下，都没什么说的，一年从头到尾都是那么三句话。第一句就是下次不戴厂牌的要记大过，罚款。第二句话就是再不做好的话大家都要散伙。第三句话就是企业不养闲人。

那为什么会颜色装错三双呢？一是堆放鞋子的人做事不认真，本书后面会具体讲这个问题。二是包装的人来不及，从别的部门调人来帮忙的人不是专业的，比较容易出错，后面也会具体讲述这个问题。

事情是这样的，开始客人过来看生产，说产品清洁度不合格，叫装箱的工人不要装，就拖了两天。第三天，因为位置不够放，企业品检部经理下令叫工人包装，结果工人就装起来了。前面两天再加上第三天，等于工人一天要做三天的事，肯定就来不及，所以就从其他部门调了三个人来帮忙了一个下午。假设企业计件那就不需要别人来帮忙，工人自己也会利用休息时间来包装。后来客人和品检部经理同时又来了。客人问："谁叫你包装的，不是叫你不要包装吗？"工人回答说："是我自己叫我自己装的，再不装起来就要倒了。"工人这样回答是非常明智的，因为客户一般不会和普通工人计较。假设工人要是说是品检部经理叫包装的，那就会让客户和品检部经理非常尴尬，说不定会出大问题。这里的意思就是说在客户面前，工人挡得住，工人就要挡，不要把责任推给管理员，管理员挡得住就不要把责任推给老板。清洁度在鞋业企业里面是非常小的问题，同时我们也知道就算翻工也达不到客户的要求。因为客户的要求有点过高。

这个企业存在的大问题包括：

一是资金周转困难，已经进入了恶性循环。

二是处理问题的程序不正确，大家相互推卸责任。

三是生产指令单的制作不科学。

四是追究补数责任的方法生搬硬套，谁开补数单，谁就要谁买单。

五是职工不稳定。

六是工人计资方式不合理，不公平，造成工人心里矛盾。

七是生产没安排没计划，采用发邮件的形式下发计划，都没人看邮件，没人积极催货。

八是办事手续复杂，企业养了闲人，阻碍了生产进度。生产指令单要五六个人签名才发的下来，补数单也要五六个人签名，动一下企业的车也要两三个领导签名，退材料回材料厂也要三个领导签名才能出厂门。订单多的企业生产本身就一个错综复杂的过程，能简单的就不要搞得复杂。

九是仓管员分工不明确，仓管员成了数数的工具，分工没有遵循统一原则，也没有遵循直线原则。

十是财务部取数不精准。死要入库与出库对得起来。

十一是重复做事。多人重复点数，倒在地板上面点数。重复统计，例如车间今天做了多少事先是车间要统计，再是品检要统计，再是仓库要统计，再是生产助理要统计，再是财务部要统计。大家统计的依据都是一样的，统计的准与不准其实都没什么意义，只要有一个人统计就可以了。一旦有不相符，你找我对数据，我找你对数据，浪费时间。

与企恶性性循环相对应的就是良性循环。良性与恶性循环表现的环节点有：

一是周转资金。有现钱买材料，不欠账，材料单价就低，产品成本就低，产品利润就高。欠账，材料单价就要高。有钱存银行就有利息，借款就要付利息。不欠账，管理人员催货就有底气，材料入库就快。欠账，大家催货就没有底气。资金周转困难的企业难免会过分节省，购买次品材料，生产劣质产品。

二是人力资源。待遇高，企业就可以留住优秀的人才，选拔优秀的人才，招工可以设置年龄、学历等要求。待遇低，企业就会饥不择食，见人就要用，甚至还会出现一些可怕的做法。这里的可怕指的是只要你有一班人，企业就给你当管理员。你不会管也给你管，人家会管也不给人家管。这样就导致企业的整体员工素质低下。

三是产量与质量。企业有优秀的人才，又有周转资金，就会加快生产速度，提高工作效率，提高产品数量，提高产品质量。相反的就是生产速度慢，效率低，质量差。

四是客户。若企业能够按期保质交货，客人就喜欢，货款到得快，客户再次光临的机会就大。相反货期来不及，质量没保证，经常短装，客人就不喜欢，经常退货索赔，绝交的机会就很大。企业进入恶性循环后，连客户都是最差的。你给不给我欠账，你不给我欠账我就下单给别的厂去了。最差的客户就是欠账还要理直气壮。

本书讲的提高产量指的是同样多的人同样的设备同样的时间做出的产品数量相对较多。比如客人下单 1000 个，你做 2000 个，那就不叫提高产量。提高产量最主要的办法就是安排计划，积极催货，提前配套。不配套就会这单做一下没完成一半，又做另外一单。另外一单没完成一半又要换单。换单就要换材料，有的还要换模具，有的还要时间给模具加温度，有的还要调换工人的岗位。

材料不配套频繁换单生产很容易出现下列问题：

一是造成车间空间不足，东西都没地方摆，你压住我，我挡住你，材料找不到就会乱开补数单。

二是造成生产部门数据混乱，比如这单做了多少，欠多少，欠什么部件，统计很困难。

三是会影响产品质量，如产品变形，色差，产品变脏等。

四是有可能引起装配出错，例如这单的挂牌挂在了那个单上面，这单的部件配在了那个单的部件上面。

企业加快材料配套的方法有：

一是用科学的方法制作生产指令单。

二是形成正确的催货和处理异常问题的模式。

三是有安排有计划的生产。

四是简化一些不必要的手续。

五是坚持稳定原则，包括稳定管理人员和材料厂及加工厂。

有的人可能会问不配套可以不做呀，等配套了再生产也可以呀。这里告诉大家这样也不行，企业放假一天亏损是很大的。一是月薪和计时员工的工资，放一天假企业就有可能白给员工一天工资。二是放一天假企业就亏一天的空间成本。**假设**企业不生产，把厂房和宿舍租给别人一天就可以收一天的租金，这里的租金就是空间成本的意思。三是放一假，水费和电费，还有清洁工和保安的工资，企业都是要付的。四是今天有点事情不做掉，明天就有可能来不及。如果有计时的工人要算工资的话资那就不只这个数，待遇较好遵守劳动法的企业放假也要给计时的工人算 8 个小时的工资。

前面箱子字母印刷出错，其实只要企业愿意花 100 块钱，就可以解决问题。把正确的字母打印在胶纸上面，再用切刀分开成一个一个的字母，贴盖在原来错误的字母上面就可以了。问题的关键就在于谁去贴，其实只要 100 块钱，谁都愿意去贴。五六个人在推推搡搡，其实就是不好意思说要 100 块钱，但大家心里又是那个意思。所以企业有灵活的补贴制度可以迅速解决很多小问题。企业花 100 块钱补贴给工人，每个人都看得到企业损失了 100 块钱。因为这 100 块钱企业没有花，造成客户索赔，损失上万块，没有一个人看得到。小损失领导都看得到，大损失领导都看不到。等看到大损失的时候领导绝对不会承认是小损失没有损失而造成大损失。

高瞻远瞩　童叟无欺

某鞋业企业做好了 1000 双靴子，准备出货了。外贸公司的美女带外国人过来验货，表面看是没什么问题。外国人叫这位美女试穿一下，美女就脱掉自己脚上的鞋子，拿起那新鞋子来穿。因为美女穿的是裙子，他本是想趁美女捞起裙子的时候偷看一下的。没想到新鞋子穿不进去，他当场发火，说不要了。当美女要再把自己的鞋子穿起来的时候，他喜出望外，问美女穿的鞋子哪里来的。美女回答是 B 企业生产的。第二天 B 企业接到了 10000 双的大订单。

这里 A 企业产品不合格，客人拒绝收货。美女叫 B 企业给她送样品，结果她自己拿起来就穿。B 企业意外获得订单。

这里道理就是说，当客人要样品时候，在客人要求的基础上，再多给客人两个坏的，让客人配不上去，例如鞋子就给他两个单脚。你这个坏的说不定会起到真正的样品作用，但是要注意，坏的要单个单个分开装，以免客人误会你样品都做出坏的来了。

乔装打扮，以貌取人。企业产品包装对产品的销量也是很重要的，但前提条件是要产品质量合格。

谁的产品能赢得学生的青睐，谁就占住了未来的市场。学生是未来消费的主力军。

有的产品需要更新换代，但也不是所有产品都需要更新换代。有的产品站在企业的角度是过时产品，但站在客户的角度是没过时的产品。比如十年前，有人穿了一件衣服感觉蛮好看的。有人穿一件，不料厂里二十多个人跟着他穿。但现在还想买一件，就是找不到那件衣服了，企业不生产了，企业说那是过时的产品了。比如鞋服企业若那个款式的产品销量高，就不要轻易说过时了，可以提高产品性能。

故意欺骗客户的事情是绝对来不得的。某鞋业企业帮一个新来的客户生产 60000 双拖鞋。开始几天客户来企业参观生产情况，非常高兴，也没有讲什么。非常无奈，这个企业厂长因为以前下错采购单，导致企业非正常库存了 2000 多个纸箱，而刚好这个客户要求的纸箱与库存的大小一样，只是纸箱上面印刷的标签不一样。厂长背着客户下令，要求包装的工人用以前库存的纸箱。这天客人又来了，发现企业工人拿别人的纸箱装自己的货。客人就问工人，怎么拿别人的纸箱装我的货。工人就回答："我厂长叫我怎么做，我就怎么做"。随后客人就把厂长和老板叫过来大骂一顿。客户就说："你们订错纸箱了，提前跟我商量一下，也不是不可以的，你们弄一些牛皮纸，印刷我的标签把以前的标签盖住就可以了。但是你们不能背着我干这种事情呀。"接下来客户反映一大堆的问题来了，什么产品不清洁，产品开胶。其实开胶这个问题，企业自己早就发现了，解决不了。最后出货这天，客人要求老板，货款打半折，即原来是 108 万元的货款，现在客人只给 54 万元。另外的 54

万元，人家不是不给我们，而是要等到人家把 60000 双拖鞋全部卖完了再给我们。只要他有一双没有卖出去，我们就拿不到这 54 万。企业就这样亏了 54 万。有的人可能会想我产品不给他。因为这是客人特定的产品，单价是 18 元，如果这个客人不要，那单价 3 元不一定有人会要。而且产品在企业里面还会占住两个货柜的空间。客户这样做，也是没打算双方继续合作了。

三翻四次　百折不挠

某胶水代理公司向一鞋业企业推销产品。他们的胶水用还是可以用，就是牌子低了一点。一般一个企业只用一两家的胶水，所以市场竞争非常激烈。

胶水代理公司第一次给这家企业送来了 20 桶胶水，说给企业试一下，鞋业企业做第一单还可以，但做第二单就开始开胶了。20 桶胶水退货 8 桶。普通人就会认为到此没戏了。

今天退货，今天胶水代理公司的业务员就来企业沟通，面对问题绝对不回避。她跟鞋业企业老板说没关系，我们明天再进一批好货，再来试一下，接下来一段日子天天来鞋业企业喝茶聊天。第二次胶水代理公司又送来 40 桶胶水，车间用了 4 桶又发现不行，又退掉 36 桶胶水。退得仓管员都是一肚子火气，哪里有这样搞的。大家以为就没事了。

胶水代理公司的业务员还是不放弃，还是天天来。今天来两桶说给你们试一下，明天又来两桶说给你们试一下。有一次试胶水质量的时候，在二楼开启了流水线温度，但没开转动器。在二楼试一下，人又跑到五楼去了。二楼车间没人，那 120 度的温度，一直烤着传送带一个地方，传送带是橡胶的，烤得二楼整层楼都是浓烟滚滚，黑乎乎的一片。要不是一楼的仓管员谨慎发现了，再过两分钟非得起明火不可。试胶水质量试得人家厂房浓烟滚滚，还是不放弃，还是天天来赔礼道歉。

因为胶水主要有分两种，一种白色的，一种黄色的。然后她们就说，她们黄色的胶水确实有很大问题，但白色的比人家的要好。第三次又送来 40 桶白色的胶水，这次终于没有退货了。

半年后，鞋业企业来了个比较会管的车间管理员，对胶水需要的温度控制得比较好。胶水代理公司又送来 20 桶黄色的胶水，这次黄色的胶水也用得很好了。从此两家就全面合作起来了，胶水代理公司算是圆满成功了。

下面进行分析：

从推销学的角度来讲。人家接受了你第一次，就算失败，人家也有可能会接受你第二次。越是客人退货，投诉的时候，越要面对客户。牌子低可以靠销量高，靠单价低，或者允许客户欠账，来赢得客户。退货不一定是产品质量差。

从车间管理来讲。这个鞋业企业两条流水线，工人都是计件的，流水线的组长也在线上顶个工序的位置。车间领材料的工人实际上承担了组长的职位。一条线大家平均分产量工资，组长另外补贴 1000 元每月，领料的工人厂里另外补贴 300 块每月。企业几乎是从来不追究责任的，大家都不让担心做坏。所以整条线都是只管生产速度，没人管产品质量。用好的胶水也是很容易开胶，用差一点的胶水来更容易开胶。比如说你今天买的新鞋子，穿一天那个鞋底和鞋面就分开了，这就是开胶的意思。管理员顶个工序位置与从来不追究责任是企业生产管理的大忌。这里推销胶水的推销员很难，明明知道退货跟管理员的水平有关，但又不能讲出来，得罪鞋业企业的管理员也是等于断自己的后路。

从鞋业企业老板来讲。因为企业没有科学的管理水平，利润江河日下，周转资金越来越紧张。那些牌子高的胶水，不但单价高，而且没现金就不卸货。所以前面推销胶水的业务员实际上是存在很大机会的，因为单价低，而且可以拖欠三个月的货款。意思就是说企业里面很多的事情并不是偶然的，鞋业企业再不注意的话要进入恶性循环状态了。

业务不单单是寻找新客户，更重要的是保住现有客户。有的东西不怕质量差，不怕牌子低，就怕客户不上门。打广告的费用是一字千金，打广告的企业是百里挑一，打广告其实是一条非常狭窄的营销道路。从上面例子，假如站在自己是推销员的角度，那得出的结论就是越是产品出了问题，越要面对客户，逃避问题就是丢失客户。

勤快也是保住客户的方法。某鞋业企业有个非常着急的补数需要复合加工厂加工一下。与之合作的复合厂叫了一天了都没来。仓管员打了五个电话，复合厂都不来。晚上 11 点钟的时候，老板寻找了另外一家复合厂过来，把这个补数的做好了，而且晚上也送过来放在保安室里面。第二天企业准时给客人交货。从此新来的复合厂与企业长期进行合作。新来的复合厂因为勤快，得到了客户的认可，原本打算放弃复合加工，现在来了大客户可谓枯木逢春。其实也不是偶然的，之前的那个复合厂单价明显低于市场价，没有灰色收入，没有利润，双方绝交是必然的。

一呼百应　高朋满座

某鞋业企业要试做两双鞋子给客户看样。流水线管理员找仓管员要鞋垫。仓管员又去找裁断车间要鞋垫。裁断车间又说没有鞋垫，这单鞋垫不是裁断车间做的。这个仓管员又去找另外一个仓管员，另外一个仓管员也是不知道情况。没办法了去问生产主管，生产主管又问采购员，这才得出答案。平时所有鞋垫都是本厂裁断车间生产的部件，但这一单是材料厂直接送部件来的，不是送原材料来的。一个企业如果生产指令单制作方法不科学的话，就会经常出现这种不必要的麻烦。

生产指令单上面材料总量的单位要注意，比如做鞋的材料，如果材料的单位是平方，那就表示进库的是原材料，是本厂裁断车间要加工生产的。如果材料的单位是双，那就知道是外面厂直接裁断，本厂入库的是产品部件。一些小动作规定好了，可以让厂里的管理员节省很多时间，免掉很多不必要的麻烦。

本篇指的是生产指令单上面要标明材料来源人的名称，标明产品部件来源人的名称，需要外加工的要标明外加工厂的名称。工厂里面再制作一份关联企业通讯录，与之相关的每人发一份。企业就可以形成仓管员直接催材料，生管员直接催材料，采购员直接催材料的催货模式。企业也可以形成仓管员直接处理异常问题，生管员直接处理异常问题，采购员直接处理异常问题的异常问题处理模式。仓管员能处理就自己直接处理，能催收就自己催收。仓管员催得人家无动于衷或超出处理权限的时候，马上上报生产主管处理。生产主管也解决不了时，马上上报老板处理。意思就是说基层解决得了的问题坚决不麻烦生产主管，生产主管解决得了的问题坚决不麻烦老板，就形成了非常正确的处理问题的模式与程序。这种正确处理问题的模式需要生产指令单制作科学，并且需要材料厂和加工厂稳定。

有的厂处理问题的模式与程序非常不正确。客户催车间，车间催仓管员，仓管员催仓库主管，仓库主管催厂长，厂长催采购员，采购员再催材料厂。生产上面出了问题也是一样的处理程序。采购员天天在企业催货和处理问题，连外厂派来返工的工人都要采购员接待和安排。这样采购员就变成了企业真正的生产主管。厂长就成了专门签字和传递信息的工具，可要可不要，不要厂长其实传递信息的速度还要快一些。出了问题，你去找生产主管，他就会叫你去找采购员，生产主管就名存实亡了。出了问题，你怪我没上报，我怪你没来问，谁官大一级谁就有道理。

企业里面有一种有可怕的处理问题的模式，那就是连坐。比如生产副总发现一个工人违规，不是马上处罚工人，而是马上把这个工人的上级管理员叫过来骂一顿。结果是大家都是一肚子火气，问题又没有解决。这种模式的本质是高层管理员自己没有威力，反而怪自己的部下没有管理能力。就像是在战场上军长发现一个士兵违纪，结果要把排长，营长，团长，师长统统叫过来。战场上各有各的位置，没必要为一个士兵兴师动众，企业里面也是一样各有各的事情。正确的做法是军长发现违纪士兵，该打他一巴掌就打他一巴掌，该枪毙就枪毙，不需要通知那些排长、团长类的，越级处理才显得有军威。当然在企业里面管理人员是不能动手打工人的，遇到工人先动手也要尽量不还手，不要把事情惹大，但事后要处罚先动手的工人。企业里面对付违纪的工人一般是罚款，骂人是下策，打人是犯法。

加工事项涉及使用模具的一般要固定加工厂，不得随意更换。当加工厂有困难的时候，确实需要更换加工厂的，也要征得原先加工厂的同意，主要是跟他把模具借出来。别的加工厂帮我们做一单就不需要制作模具，别人就有钱赚，因为制作模具有的要几千块钱，甚至上万元。别人不要制作模具，加工的单价绝对会要得低一些，相对于我们的企业来说就可以节省成本。借模具的加工厂应该要借，借模具出来表示自己不丢客户。所以加工厂和材料厂越近就越好，连借模具都方便。

加工厂的困难一般有：

一是突然工人不足。

二是机台设备出了故障。

三是有的加工厂还会缺少资金，买不起材料。本企业有实力的话是可以先给加工厂支付加工费的，但只能针对长期合作的加工厂。

四是加工厂订单爆满，完全没办法继续接单。

五是我这一单就超出了加工厂的生产能力。

构成产品的部件和包装材料，以及制作部件的原材料，争取全部都要在生产指令单上面一一列举。最重要的是列举稳定的材料供应商的名称。不随便更换材料厂和加工厂是防止企业管理员腐败的方法之一。一般企业做样品时候是哪个材料厂或加工厂帮忙做的，后面大货就要坚持继续给哪个做，不要随意更换。

有的企业采购材料的时候，会先要求三家以上的供应商同时报价，谁单价低就向谁采购。这种做法并不明智，一件事情既要看到它的优点，也要看到它的缺点。这种做法的优点就是采购单价低，而且这里单价低也是表面的现象，除非企业老板自己亲自上阵。假如市场单价是 90 块，如果第一个材料厂报价是 100 块，那接下来的就会报 99 元，98 元，97 元。当企业认为这个 97 元是最低的时候，其实市场价格还要低。企业这种做法一是会引起材料厂恶性竞争，当材料厂出售单价低到受不起的时候，但又想保住客户，难免偶尔会提供次品材料或者在数量方面动手脚。二是给企业内部管理员收回扣的腐败行为提供了机会。如果企业不停地给管理员腐败提供机会，那管理员想不腐败都难。三是经常更换材料厂，怕引起色差，影响库存材料，最终会影响企业的产品质量。

四舍五入　铁证如山

生产指令单是企业的总指挥官，它指挥生产主管，采购员，仓库管理员，车间管理员，财务工作人员，它在企业里面起着中流砥柱的作用。企业的一切工作能不能正常进行，就看这个指挥官能不能运筹帷幄。如果生产指令单没有科学的制作方法，管理人员就很容易犯错，企业的一切工作都将是寸步难行，甚至一塌糊涂。企业各部门如何变被动为主动，前提条件就在于制作科学的生产指令单，关键在于安排和计划。

生产指令单编号在企业里简称为单号，用电脑制作生产指令单就是键盘轻轻地按两下，这两下按得好，企业后续工作就事半功倍。万丈高楼平地起，企业生产指令单的编号可以从 0001 开始，前面不要加字母多此一举，后面不要带 -1，-2 等画蛇添足，一直编到 9999 就可以了，不要真的到 10000 层了。大家不用担心会倒，一定要留些钱给别人赚。企业一定要保证生产指令单的唯一性和连续性，简单易记，形成以生产指令单编号为统一口径的生产管理模式。生产指令单的唯一性和连续性，是本套管理方法的基础，是采购、仓管、生产、财务工作能做好的前提条件。企业科学运营的前提条件就在这里，特别是订单多、产品型号多、物料进出频繁的劳动密集型企业。如果生产指令单的编号五花八门，那其他部门的工作做起来就非常吃力，全部会处于被动地位。企业生产指令单编号用几位数字一般由企业订单量决定，也不是说一定要用四位数。

连续性指的是从 0001 到 0002，再到 0003，0004 等，缺一个编号或重复一个编号就一目了然，各部门很方便管理和查询，特别地一旦有人重复开单算账，财务部一眼就能识别。生产指令单编号不连续，管理人员做事就会缺少底气，例如你问他手上还有几个单没做，他半天都不敢吭声，他的指令单有没有到齐全他自己都不敢肯定。如果生产指令单连续，0004 单的出货了，0005 单的还在做，0006 单的还没进材料，0007 单的单还没下来，企业管理员就底气十足。要是中间断单，各部门就可以主动询问原因，要求下发所缺的生产指令单，不至于一人忘记下单，引起全企业忘记。

简单易记指的是一问，管理人员就能马上反应过来。订单充足的劳动密集型企业指令单编号一定要简单易记，井井有条。有的企业生产指令单编号十多个字符，没人记得住。做一单产品从制作生产指令单到最后核算成本，各部门都在不停地抄写指令单编号，简单就可以节省抄写的时间。有的企业指令单编号后面挂 −1，−2，−3 之类的区分客户之类的。实际操作中，经常有人把这个 −1，−2，−3 给省略掉了。例如 23−01、23−02、23−03 本来是三单，一旦有人省略，就 23 也成了一个单号，三个单编号变成四单，三个单的物料和票据变成四个单，那仓库和财务工作真的做起来很吃力。有的工人抄交接单或标签的时候还会把前面的字符省略，比如 001−1 单就

直接简写成 -1 单了。企业产品的型号大部分也是后面挂 -1,-2, -3 的，一旦 -1 单的指令单编号对应 -2 单的产品型号，再同时加上 -2 的指令单编号对应 -1 的产品型号，就可能出现浑水摸鱼的情况。像 001-2,002-1，实际上就是在给员工挖陷阱，就是喜欢员工把 001-2 和 002-1 的统计数据或材料搞混。因为企业里面都是按单批量生产的，把 001-2 单的部件放到 002-1 单里面叫材料堆放搞混，把 001-2 单的数据统计到 002-1 单里面叫数据搞混。很多企业都是怪员工不会做事，换一个员工又换一个员工，感觉天下没有一个会做事的人。一方面给工人挖坑，一方面骂工人不会做事。工人不会做事每个人都看得到，企业给工人挖坑没有一个人看得到。有的企业指令单编号用三个“-”，比如 18-001-01-02，神秘莫测，好像军队编密码一样。

企业要尽量区分单号与产品型号。比如单号编号用的是四位数字，那产品型号编号就争取不用四位数字，让人一听就知道是单号还是产品型号。一般的企业产品型号编到三位数就可以了，产品型号多的企业可以用五位数字，争取不要用英文字母。企业内部编号一定要遵循精简原则。

看例子：某鞋业企业 045-1 单的产品型号是 00220042，044-2 单的产品型号是 00220045。外加工厂给仓库送货来的是 044-2 单的部件，发票单据写的 045，数量是 300 个。因为产品型号在企业里面都是简写后面四位，所以 00220045 就变成了 0045。而指令单号在企业里面大家也喜欢简写，一般 045-1 就写成了 045。本来应该简写写 0045，但外加工干脆再省略一个 0，写成了 045。这样就造成仓管员把 044-2 单的部件与045单放在了一起，也把044-2单入库的数据统计到了045-1单里面。这里犯了两个大错，一是指令单编号是不允许简写的，产品型号争取不能简写，前提条件是要企业编号简单。二是企业没有形成统一的口径。仓库入库的材料和交接单据有的写单号，有的写货号，有的干脆就一个数量，还有的什么都没有写就一包东西给你了。

企业各部门接到生产指令单后，按单号顺序排列，自己把自己每单要做的事情用表格形式记载下来。完成一项就用荧光笔涂掉一项，荧光笔涂掉后字还看得很清楚，没完成的根据企业计划催前段完成。这样每个人自己要做什么，已经完成了什么，还有什么没有完成的就清清楚楚，一目了然。这种方法对于采购工作和仓库管理工作很重要，也适合车间管理。如果企业生产指令单编号不连续，这个工作很难开展，很多管理员接到单就会丢一边，直到有人来催，被动挨打。

企业生产指令单要是不连续的话，企业的财务监督工作就难于上青天。财务工作最多是做到把几张发票加起来或把工资汇总一下。如果企业单号不连续又多单一起采购，这两个条件同时成立的话，企业财务部想把成本算出来，不要做那个梦。如果企业经常更换仓管员、会计员、生产主管、领料员的话，有可能是指令单编号不科学。

有的企业在生产指令单前面加字母表示企业的名称。因为生产指令单针对的是本厂内部人员，不要字母大家也知道是本企业的单。区分客户是次要的，方便生产工作和财务监督工作才是主要的。企业可以在统计报表中用不同颜色的字体区分客户，也可以用空格空行来区分客户。有的企业需要同一型号的产品不同颜色混合包装，这就涉及同一生产指令单上面会有同一产品型号多个颜色。企业数据统计报表首先要考虑不分颜色行不行。其次就是分颜色，先标明单号，再写颜色进行区分。这里要注意工人在实际操作中，一般颜色只会写一两个字符。如果企业产品颜色字符太长，就可以采用简写形式。比如鞋业企业就可以说“0001 单红色，0001 单黑色”。这里的简写指的是用来写标签或统计数据用的，主要目的是区分同一单不同颜色同一型号的产品。生产指令单编号采用加 -1，-2 等来区分时间，客户名称，产品颜色等都是不科学的做法。

企业生产指令单不连续唯一简单易记，会引起下列不利事项：

一是管理人员不会积极主动工作，包括不会主动安排计划，不会主动催货，配套困难，进而影响产量和质量。

二是容易忘记漏掉下单，容易重复下单，包括生产指令单、采购单、生产加工单。

三是没办法按单核算，没办法核算成本，容易出现财务亏空。

四是容易引起管理人员不稳定，底气不足。有的企业与数据相关的人员流动性很大，其实就是容易出错，心烦意乱。而企业里面的领导往往都会把责任归结为某某人不会干，总是认为换人可以做得更好一些，从年头换到年尾。

五是容易出错。单号不规范，标签容易出错，材料容易放错位置，进而引起装配出错。也容易引起企业数据统计出错。

六是浪费时间。单号难记就难形成统一的口径，问问题要花时间来问，回答问题要花很多时间来回答。

七是各部门很难保存生产指令单，对于过去的指令单相当难查询，翻单很难进行材料耗量校正。当企业遇到翻单的时候，直接把以前做的生产指令单调出来，复制一份，该修改的数据修改一下，就方便得很。

五颜六色　千古奇冤

某鞋业企业生产3000双拖鞋，其中1000双鞋底材料是蓝色的，这个蓝色与厂里以前常用的深蓝色不一样，意思就是说两个颜色不一样但比较接近。生产指令单上面打的是深蓝，下面角落有个标注写着“这个深蓝与以前的深蓝不一样”。采购员给材料厂下采购单也是写深蓝，他也注明了“要对色卡”。材料厂接到采购单后，心想那个采购员是不是有神经病，深蓝色都做那么多了，还对什么色卡，直接把色卡往垃圾桶里丢。四天后，材料厂送来了深蓝色的材料，仓管员收了。裁断车间主管见材料来了，马上照着指令单开单给工人裁。裁完后，叫印刷加工厂的拉走。印刷加工厂的先试做一双过来给厂长确认，这时候厂长才发现材料颜色与样品对不上，错了。采购员又打电话叫材料厂的对色卡重新做。再过四天，材料厂错上加错，送过来的还是深蓝的。没办法了，采购员亲自出发去材料厂，看着材料厂做，第三次终于做对了。

色差是企业里面常见的问题，这里不属于色差，属于错误。两个不一样的颜色是坚决不能用同一个名称的，同一个颜色争取所有单都用同一个名称。制作生产指令单的人就忽视了这个问题。随便取个什么名称都可以。好就好在这个厂的老板不要大家赔偿损失，管理人员做错事都不要陪，要不然还真扯不清谁来买单，追究责任个个都会喊冤，不追究责任企业明明损失了。企业尽量建立标准的色卡体系，开发部做样品尽量对标准色卡。采购物料时有样品的尽量对样品颜色，没样品的尽量对本厂标准的色卡体系。

企业各部门开单抄写颜色或标签，书写颜色时，一定要照着生产指令单抄写，千万不能省略颜色名称字符，或随意构造颜色名称。例如深蓝色，绝对不允许简写成蓝色。双色组合的如黑色红色，绝对不允许简写成单色如黑色。企业在制作生产指令单的时候或开发产品的时候，颜色名称尽量简单一些，少用字符。为了方便工人抄写，企业制作生产指令单可以指定统一的颜色简写名称。真正的高层管理员要想到这件事工人会怎么做，工人会不会偷懒，我有没有办法让工人偷懒而且要把事情做好。

当同一个生产指令单涉及多种颜色产品的时候，就要注意配色。例如做鞋子的就要注明这个颜色的鞋子要列举其对应的部件的颜色。像黑色鞋底配黑色鞋面配白色鞋垫等。红色鞋底配红色鞋面配黑色鞋垫等。这些在生产指令单上面注明清楚了，就可以防止车间组装出错。

浑然一体　一气呵成

某鞋业企业生产 4000 双鞋子，从 41 码到 45 码，每码 800 双，预补数每码百分之一，船头样每码两双。实际上企业要生产的是 4050 双。制造鞋面部件的车间给仓库移交的鞋面部件是 3900 双。仓管员给领导汇报总数 4000 双，入库 3900 双，欠数 100 双。鞋面车间给领导汇报总数 4050 双，入库 3900 双，欠数是 150 双。领导没注意前面那个总数，只看欠数。因为仓管员平时做事比较细心，所以领导就大胆地相信了仓管员。第二天，领导守在鞋面车间，督促他们又交了 80 双鞋面，心想只差 20 双了，这下高枕无忧了，兴致勃勃通知业务部准备出货。等货柜车开进企业后，流水线车间突然向领导汇报欠 60 双鞋子。这个时候补数已经来不及了，只好眼睁睁地少给客人 60 双。晚上生产副总怒火冲天，大骂："你们给我报上来的数据全是一塌糊涂，没有一个是对的，五千多块钱，你们谁来买单。"

这里仓管员没错，鞋面车间也没错，副总也算是做到位了。现在问题是这单鞋子有多少双，回答 4000 是对的，回答 4050 也是对的。人家欠你 100 块是对的，人家欠你 150 块也是对的，人家欠你 10000 块是对的，人家欠你 15000 块也是对的，那还辛辛苦苦开什么厂，用嘴巴喊钱来得快，想多少赚多少。

很多人都认为把预补数和船头样在指令单上单独体现出来，可以显得数据清楚，一目了然。其实不科学，企业制作生产指令单不应该把预补数和船头样体现出来，给生产部门造成误差，最好是统统加在一起。企业做大货的时候先交代产品包装的工人把船头样留起来就对了。第一是不会产生误差，这里的误差是人为造成的，与物理学讲的误差是天壤之别。第二是企业少个问题。有预补数的企业，大家每天都会争这个预补数，你有没有给我预补数，你补数有没有加预补数。所谓管厂，就是要把复杂的问题变得简单，把简单的问题变得明了。多个问题就多很多麻烦，少个问题就少很多麻烦。第三生产指令单数据少会减少管理人员开单抄错数据的几率，犯错是企业很可怕的事情。第四有预补数会增加管理人员计算数据的时间。每年少算坏几个计算器，也可以给企业创造百来元的利润。第五是会给个别腐败的车间管理员提供下手的机会。车间单个部件加工工价比较高的时候，个别车间管理员会故意下令不做预补数，而在算工资的时候又要算预补数的工资。

鞋业企业制作生产指令单时千万不要把预补数和船头样等体现出来了，来个浑然一体，一气呵成，统统加在一起，轻装上阵，人跑十步我跑百步，人跑千步我跑千里。所以生产指令单这个指挥官指挥的好，各部门就轻松很多，少很多麻烦。有预补数的企业，预补数有没有单独体现，对企业生产不存在实际的意义，但与最后的包装和出货数量有一点点关系。比如本来是 100 个产品，因为有预补数，最后工人做出来了 102 个产品，这两个产品要不要包装，要不要给客人，问题就来了。

有的管理员可能会认为增加预补数一栏可以体现企业的管理水平。有的企业领导为了体现一下水平，故意给部下找点麻烦，画蛇添足，弄巧成拙。

千万不要以为预补数会增加企业的采购成本，因为这个数目很小而且只涉及部件采购，一般都是百分之一，一年多做一单或少出问题一单，就可以填补这个损失。一旦有多做产品也可以卖库存品进行填补。比如你下 102 个部件，材料厂工人害怕不够，有可能给你 104 个部件，那企业多做产品的几率就大。让生产部门顺利，数据清晰，按期保质交货，客户自然喜欢，所有客户一年多下一单不在话下。假设企业今年的采购货款是 1000 万，那预补数不是要损失 10 万。这就涉及预补数的上限问题，比如采购 100 个部件预补数 1 个，采购 200 个部件预补数两个，超出 200 个，预补数还是两个。从长远来讲，把预补数成本转嫁给材料厂，归根结底还是企业自己在买单。你下单 100 个，实际要人家来 102 个，材料厂都不是傻瓜，绝对看得出来，他填补这两个的办法肯定是抬高采购单价。认为预补数和补数是人家白送的，不要钱，这是一种鼠目寸光的看法，是把别人都当蠢子，唯独把自己当聪明人的一种思想。预补数其实就是在做大货的时候就同时进行补数的一种特殊的补数形式。预补数对于企业来说是带有故意性质的行为，企业应当支付预补数产生的成本。因为企业想要盈利是一种长期经营的过程，所谓日久见人心，总是让材料厂补数，补多了材料厂也不是好惹的，人家会提高单价或放弃合作。

最可怕的是有的企业本身订单数量是100，而企业为了把成本转嫁给材料厂，故意把采购单的数量下成98。这是一种不讲商业信用的耍赖皮行为，长期这样做，最终会导致企业进入恶性循环。一是会导致采购员、仓管员、生产主管工作困难，容易远走高飞。二是配套很困难，影响车间工作效率，引起短装。三是从长期来看会抬高采购单价，增加运输成本。四是容易引起色差，容易出错，越是补数和尾数越容易出错。讲个简单的例子，假设企业订单是1000个，采购下单980个，人家多来几个，有可能入库988个。剩下12个材料厂肯定要补数，又要找材料，又要找模具，还要费时间，还有可能二次或三次的补数。本来单价是两元，那现在还要加运输费，原来只要40元的东西，现在可能要损失200多元。经常这样搞，给材料厂的印象很坏，人家唯一的办法就是抬高单价，甚至逼你要现钱。如果故意采购数量少数与谁开补数就追究谁的责任这两个条件同时满足的话，企业迟早会进入恶性循环。

下面讲个实际的例子，某鞋业企业生产2988双鞋子，加预补数是3027双。采购员采购包装盒子的数量是2988个，没有采购预补数量。结果材料厂送来了2950个，开单开2988个，仓管员数量没点清楚，签了名。车间来领盒子的时候，发现算预补数少了77个。仓管员马上叫材料厂第一次补数来了80个。最后车间还不够，还要30个，确实有12个盒子是坏的。现在这30个怎么办？实际这30个是第一次补数，可是在大家的印象里面都是补第二次了。这样就搞得采购员、仓管员、材料厂都很难工作顺心，都是一肚子火气，如果这30个盒子要扣谁的工资的话，谁都混不下，都要卷铺盖走人。别看这30个盒子，单价是6块钱一个。因为前面采购数量不足是一种故意的行为，有的产品有几十个部件。企业管理人员不顺心不开心的事情，几乎天天都会发生。不开心不顺心的背后无非是早点卷铺盖走人。

并不是所有企业都需要预补数，如果产品部件不存在做坏的几率，或单价高，或非常容易点数且不容易丢失，是不需要提前补数的。当然也可以采用另外一个方法，就是生产指令单按客户实际的数量书写，允许在一定比例以内超额采购或超额开生产加工单，在鞋业企业里面一般是1%，但是要有上限。不同的企业可以根据自身产品的实际情况来确定要不要预补数，以及预补数的比例。用这种方法也是会产生数据统计误差，防止数据统计误差也是企业管理学的内容。

规格在企业里面是一个经常用到的词语，企业里面不管什么东西都离不开规格。规格一般是用来区分同类东西不同形状或不同大小的。规格有的用平方表示，有的用立方表示，有的用长度表示，有的用代码表示。比如我们说41码的鞋子，这个41码指的就是规格代码。一般企业里面的产品或部件都有区分规格。例如这个纸箱的规格是22×44×22cm。

中小企业内部生产单位是不允许编号重复，也不要信迷信，说什么“4”不吉利。例如一车间有了2组，二车间就不允许再存在2组了。这样可以避免有人说话或开单据省略车间，造成误会。

七嘴八舌　异口同声

统一口径指的是以生产指令单编号为唯一标识，全厂（包括材料厂与加工厂）统统叫单号，交接票据和物料标签坚决不能缺单号，收料与发料坚持单号对应的原则。订单多的企业这一点非常重要，千万别小看这一点，做好这一点可以让企业管理员少很多麻烦，提高企业效率。例如 0001 单的样品在哪里，0001 单仓库材料到了没有，0001 单 A 车间完成了没有，0001 单补数完成了没有，0001 单装箱满件了没有。没有统一叫法的企业，管理员之间有的问单号，有的问产品型号，有的问商标，有的问客户名称，有的问订单数量。造成回答问题的人一头雾水，哑口无言，经常答不对题，浪费很多时间，尤其给人造成心里压力。因为问问题的人一般是有备而来，而回答问题的人是随机的。比如人家问的是产品型号，你如果反问他单号的话，他自己都不知道了。一问三不知，好像个个都是在混饭吃。统一口径后，其他的一律不管，只认生产单号，企业数据交接类的员工要是换人来的话，很容易上手，从而让企业在人事上占主导地位。这样非常有利于企业部门与部门之间的衔接。

某企业生产指令单编号是连续唯一的。但是采购员下给材料厂的采购单编号并没有与本企业的指令单编号一致。他给材料厂下的第一单就编号 001，他给材料厂下的第二单就编号 002。例如本厂的单号是 0005，材料厂对应的单号则是 008；本厂的单号是 0007 而材料厂对应的单号是 009。材料厂的实物标签与送货发票上面写的都是 008 单，而实际本厂的单号是 0005。这样就造成本厂仓管员收到的材料不知道是自己哪个单要用。而且一旦补数的时候，本厂写 0005 单补数，材料厂接到补数单后会哑口无言，要写 008 单，材料厂才可以识别，积极的材料厂会打电话问一下，不积极的材料厂则会置之不理，更怕的是补数出错。这里本来简单的问题，却故意弄得复杂。先要把本厂的单号翻译成材料厂的单号，仓库发材料给车间的时候又要把材料厂的单号翻译成本厂的单号，转得人头晕脑胀。这种做法的缺点一是浪费时间。二是单号混乱很容易引起本企业装配出错，也容易引起材料厂和加工厂补数出错。三是容易漏掉下采购单。四是外加工结账的时候财务部很难找到本厂对应的单号，很容易引起财务亏空。

企业尽量建立自己规范的生产标准体系，具体包括单号识别标准化，色卡标准化，材料规格标准化，包装材料规格标准化，产品型号编号与模具型号编号一致。生产标准体系标准化一般的企业比较难做得到，只有说能做到就做到。实际产品上面标注的型号一定要与生产指令单上面的型号一致。企业绝对不能同一个单存在多个指令单编号，或者同一个产品存在多个型号编号。企业生产部门在统计数据的时候，部件与产品的入库数量或完成数量，可以采用统一报入库数量，或者统一报欠数数量的方式，不要一下问入库数量，等一会儿又问欠数数量。

某鞋业企业有两单产品型号与颜色都相同的订单，一单是0001单的25000双鞋子，另外一单是0002单的500双鞋子，产品型号是212。两单的区别就在于鞋子里面那个印刷文字的成分标不一样，500双的这一单成分标多了一个字母。成分标一般都会印刷“MADE IN CHINA”等字样，这是出口产品的标志。企业制造鞋面的车间在写0002单半成品标签单号的时候，有的写“出口单”，有的写“出口0001单”，有的写“212”，有的写“0002单”。仓管员和流水线的领料员都是新来的员工。最后企业就是把0002单的材料放到0001单里面去做掉了。怎么办？是把这500双从那两万多双里面翻出来，还是把0001单后面的500双成分标改一下？不管怎么做都是很麻烦的事情。最重要的是客户会给时间给你去翻吗？客户会给时间给你去改成分标吗？最后没办法了，跟客户商量一下，随便给500双给这个客户。客人没办法，只能答应。没过一个月，这个问题在这个企业里面又出来了。这种就是典型的企业没有形成统一的口径，造成的混乱。形成统一口径的企业，紧急情况需要从后面同型号的单挪用部件或材料的时候，一般需要生产主管下令。

本书讲的不允许混单采购，混单开票据，不是不允许相同产品型号的单同时生产。意思就是说产品型号相同的单，可以两单或三单以上同时连续生产，这样做的好处主要是不需要更换模具。不更换模具，有的可以节省材料，还可以节省工作时间。但是产品做好以后绝对要按单分开包装，或贴好标签。生产数据要按单分开统计。

求全责备　万无一失

某鞋业企业因客户要求更改订单数量，需要更改已经下发各部门的生产指令单上面的数量。所有部门都接到了新的生产指令单。唯独裁断车间主管暂时不在岗，没有亲自接到新单。下发生产指令单的人就把新单放在了他桌上，新单上面写了“以此单为准”，意思就是以前的单不要了。刚好有个工人过来查询生产指令单，就把这张后来的指令单夹在了最下面。后来裁断车间主管还是按照原来的单开了生产加工单给工人。结果是数量出错，造成企业亏损 1200 多元。

这里指的是调换或更改生产指令单，双方一定要当面，最重要的是要把被调换的生产指令单撕毁，对方一时不在场的，要打电话通知对方。企业管理员利用发传真、发短信、发邮件或发微信的方式，更改采购单或补数单时，一定要得到对方的回复。当一件事情，你也没错，我也没错，他也没错，但最后结果就是错了，那就涉及方法或衔接的问题。

企业生产常见的犯错有（这里的犯错指的是不存在故意性质）：

一是数据抄错

二是颜色做错

三是模具用错

四是位置放错

五是组装出错

六是材料出错

七是形状变形

八是漏掉部件

九是忘记下单

十是计算出错

预防犯错的方法有：

一是用细心谨慎的人。企业里面很多出错都是出现在开单，一般一个月连犯三次以上错的人不能留，一年没犯错的人不能轻易乱辞掉。这里的开单包括生产指令单、采购单、生产加工单等。这是预防犯错的根本方法。

二是发现计算器坏了就要赶紧换新的。

三是制作生产指令单的方法要科学，多人审核指令单的正确性，规范标签，统一口径，单号简单易记。

四是一个比较呆板的办法就是对样品，做大货之前都要确认，补数都要对样品。

五是建立标准的生产系统。比如模具型号与产品型号争取统一，材料规格尽量统一，包装材料规格尽量统一。

六是快速配套，合理利用空间。

七是特殊的事项要相互交代清楚。

八是对于模具定型出来的产品每隔一段时间要检查一下产品的质量，防止模具变形或温度不合适。

九是企业内部分工要清楚，落实责任，逢错必究，提高警惕。

十是坚持精简原则。

十一是不允许月薪管理员长时间做计件的工作岗位。管理员长时间做计件的工作，就不会去检查员工的工作情况，一旦员工犯错就不会及时发现，最大的问题是事先也不会向工人交代注意事项。

竭尽全力　责权分明

这里指的是企业制作和下发生产指令单的速度一定要快，遇到不确定的事项可以先行空格，等确认后再用笔更改，更改生产指令单的时候一般要当面。

有的企业使用物料编号，这个千万要注意，不是所有企业都适合用物料编号，要考虑会不会影响制作生产指令单的速度。

有的产品部件特别多，需要用多张纸来打印生产指令单的，一定要避免内容重复。一般后面一页，除了生产指令单编号外，其他的内容不允许与前面一页的内容重复。内容重复很容易造成误解，产生一些不必要的麻烦。

客人特别急的时候也可以先采购材料，后下发生产指令单，特别是一些需要订做的材料。企业有没有本事接急单，不但关系到利润，还有可能关系到客户的得失。急单指的是客户给企业的交货期比正常的要短，有的会超出企业的生产能力，但客户单价有可能出得要高一些。

某鞋业企业生产 20000 双拖鞋，本来正常要 30 天时间，可客户只给 15 天的时间。有一道工序是电脑雕刻。鞋业企业老板对电脑雕刻的加工厂说，20000 双本来你要十天才可以完成，现在我给你的时间只有三天，单价平时是两毛，这次我给你 4 毛。你敢接就全部给你做，你不敢接我只有划一半给别人去做。加工厂就回答可以帮你赶一下，单价也不需要两倍，每天晚上给我 200 块补给工人吃夜宵就可以了。加工厂有 6 部机台，但只有两个模具能做这款产品，无非是马上再开 4 个模具，那模具很便宜才几十块钱一个，而且开模具的速度也很快。结果加工厂组织工人二十四小时六部机台两班倒，按时完成了任务。这家电脑雕刻的加工厂加工质量相当可靠，讲究信用，老板人也非常勤快。附近几家同行加工厂都不是他的对手。双方长期合作的企业，一定要想尽一切办法满足客户特殊的要求，保住客户，趁火打劫也不可取。

企业产品单价不是很高的话，材料耗量数据还是少带小数位，材料总耗量数据最好是不要带小数位，因为带了也是没必要带。有的材料购买数量不存在小数位的这个说法，可以统一逢小数位就进个位。数据少掉一些无用的字符，就可以减小管理人员抄错数据的几率。

审核生产指令单的人一般一两个人就可以了，如果在生产指令单签名的人过多就会影响下发的速度。生产指令单上面签名的一般应当包括业务员与样品师。业务员签名的时候要认真核对产品数量，型号，规格，颜色，包装是否与客户合同相符。样品师签名的时候要认真核对模具型号是否正确，构成产品的部件是否齐全。企业管理员签名是表示责任的承担，不要单纯理解为签名是权利的体现。企业老板和生产主管不要争这个签字的权利。企业争取生产指令单与采购单合二为一。

有的企业为了节省纸张，回收用过了的生产指令单，背面再重新打印新的指令单。这种做法属于过分的节省，不可取。特别地票据也是不能考虑节省纸张而一张票据涉及多个单号。普通企业内部不涉及成本核算与工资核算的交接单据是允许涂改的。

去粗取精　以防为主

某鞋业企业以前有一单做到中途，客户叫停，不要了。那鞋面在仓库里放了五六年，装的那些袋子灰尘都厚厚了。后来仓管员请求老板丢掉，老板也同意了。丢到 30 米外的垃圾堆里面去了，厂长又告诉老板说那些以后可以配起来做库存品卖，没办法老板又下令从垃圾堆里捡回来。再过一年，老板有钱了，换了部 100 多万的新车，舍不得把车放在外面晒。老板又下命令把那堆不要的鞋面换个地方放，这里他要放车啦。仓管员这次没听老板的话了，直接把鞋面丢到垃圾堆里去了，跟超市老板借个打火机，火先烧起来，来个先斩后奏。其实烧垃圾是污染环境的，烧得不多也就没什么关系。后来又出了件怪事，有一单是 4800 双，做鞋底的材料厂管理员开错单，送过来的鞋底是 7200 双。仓管员叫材料厂把多的 2400 双拉走，材料厂的老板说不要了。仓管员请示老板处理意见，老板就说留起来，等翻单了就可以用得上。等材料厂再送货来的时候，仓管员未经过老板同意就把那 2400 双鞋底退掉了，然后骗老板说是材料厂自己要拉回去。后来这个仓管员离职不到三个月，这个厂又报火警了。幸亏老板娘半夜四点钟的时候，感觉睡不着就起床了，意外发现厂房一楼起火了。福建晋江这个地方这点好，消防官兵行动速度特别快，救火的时候个个争分夺秒，奋不顾身。

这次差点是这个企业第四次报火警了。第一次是早上 8 点发现四楼开发室起火，及时报警，只烧了一间房间。第二次是试胶水，流水线温度开起来，但没开转动机，流水线的传输带是橡胶的，120 度的温度总是烤着那一个地方，没有人在二楼上班。一楼两个仓管员闻到异味了，在一楼检查了一遍。其中一个仓管就说没事了，另外一个仓管总感觉不对，还是去二楼看一下。一打开二楼的门，整个二楼浓烟滚滚。要是再晚两三分钟，明火一烧起来，企业非得报火警不可。第三次就是企业杂工在厂房后面草堆里烧垃圾，草堆和活树被火越烧越大。这次不是怕烧自己的厂，这次是怕烧别人的厂，烧到别人厂房的窗户上面去 了，赶紧报火警。天不亡这个厂，第四次意外让老板娘发现了。这次老板一家开始怕了，赶紧搬到外面的套房去了，再也不敢住在生产楼的三楼了。工人是独立的一栋宿舍没关系。

开始船上的人不急，急死岸上的人。第一次报火警，安全生产局的就经常过来检查，叫老板从六楼架个铁楼梯通到五楼，再从五楼架铁楼梯通到四楼，就可以保证所有车间都有两个通道。这个仓管员进他们厂的时候，发现他们仓库百分之六十的空间被那些该丢又不丢的库存垃圾占住了，而且这个企业制造垃圾的速度很快，经过这个仓管员的努力，后来垃圾是很少了。假设要是以前的垃圾都堆在一楼的话，真不敢想象起火了会是什么情况。告诉大家火烧大的时候，温度达到一定的程度，钢筋水泥板都会熔化，跟着燃烧。

火灾是可以防的，一是防火源，二是防燃烧物，三是防火越烧越大。起火都有火源，常见的火源有烟头，摩擦火花，电线自燃。无风不起浪，一个巴掌拍不响，所以企业要快速处理库存品，快速处理残渣。有的报废的东西，放了两年没用的话，再放 20 年估计还是要丢。乱七八糟的东西堆多了，老鼠就特别喜欢，窝一窝，吃了没事做还会去咬电线。企业要建立夜间巡查制度，防火防盗，严防死守，万无一失。

按客户订单生产的企业，产品一旦成为库存品，基本上不要指望卖个高价了，长痛不如短痛，心痛不如行动，明天行动不如今天行动，有人要就低价销，没人要就摆地摊当废品卖，卖一块是一块。古话说嘴里叫着没钱用，缸里谷子在生虫。现实中真有这样的企业，几百万的库存品不去卖，放在仓库里发霉，那边做大货又叫没钱买材料，还真不怕残花败柳，疾病缠身，度日如年，心生杂念，玩火自焚，玉石俱焚。

快速处理库存品和残渣，有很多好处。一是防火。二是可以提前得到一批小额的周转资金。三是可利用的空间大，就会减小仓管员发错货，放错位置的几率，避免一些不必要的损失。四是不会占用劳动工具，如垫板，胶筐等。五是防止发霉，变质。残渣要坚持退回来源处的原则，回收利用价值高的一定要退给材料厂回收利用，企业一定要如期清理废料堆。

没有连锁店或经销商的企业千万不要故意做库存货。企业宁愿补贴工人工资，补贴工人车费，放长假，也不要乱做事，千万不要认为做出来随便有人要。库存品风险很大，一是占用资金，二是人家收库存品的都是当垃圾在收。

另外也存在这样的厂，厂房两个楼梯，其中一个全部被垃圾堵死，特别是四楼与五楼之间被废纸箱塞的天衣无缝，话又说回来猫还是能爬上去。另外一个楼梯也是堆满了垃圾，但一个人上下还是可以。一个人从五楼这边走到那边，没有通道。六部裁断机，有两台在工作，有四台被废材料埋住了，只露出个头。把裁断机安排在五楼，这个老板也是胆大包天，昏了头，还真不怕厂房被冲垮。裁断机工作的时候向下有很大的冲击力，一般都是安排在一楼。这个企业后来被火烧的时候，消防员都烧伤好几个。不过这个老板有个非常了不起的优点，那就是交税积极，把国家的利益放在第一位。

那前面为什么材料厂会多送来 2400 双鞋底呢。原因是这样的，本企业总共这个客人下单是 7 款鞋子，那我们就要下成 7 个生产指令单，六个 7200 的单，一个 4800 的单。本企业采购单就把 7 个单统统排在一张 A4 纸上面打印，4800 双的这个单排在了中间。材料厂没注意看中间，产生思维定式，误认为所有单都是 7200 双。所以下采购单还是不要节省纸张的好，最好是一单一页。特别是电脑打印，两页交接的位置要注意，千万不能同一单上面一页一部分，下面一页又一部分，这是大忌，因为材料厂很有可能会把两页分开。同一页涉及多个单的时候，一定要注意单与单之间空行。从长远来考虑，防止材料厂和加工厂出错，也是对自己企业有利。

下列做法可以预防火灾事故的发生和扩大几率：

一是按单生产按单核算，不乱采购材料库存，不乱做半成品，不乱做库存成品，快速处理残渣，快速处理库存成品。

二是包吃包住，不让工人在宿舍里做饭。工人做饭就要使用电磁炉煤气等危险工具。有的工人一边做饭一边上班，一旦时间控制不住，锅都会烧红。

三是重罚在不允许吸烟的位置吸烟，个别岗位尽量不用吸烟的人。本书不主张重罚工人，但吸烟和犯错赔款以及故意损坏企业财产是没办法。一般对随意吸烟的工人可以罚款工人两天的工资。

四是厂房楼梯的窗户外面严禁堆放东西。有的工人上班的时候，一边往车间走，一边吸烟，怕把烟头带进车间，就会苍苍茫茫把烟头往窗户外面丢。

五是定期检查电力线，不在大开关下面堆放东西，不在变压器下面堆放东西，不挨紧作业机台堆放材料，尽量不乱拉电线。多用吊扇或壁扇，少用或不用移动落地扇。宿舍多装几个插头，给工人手机充电，不要让工人自己拉排插藏在被窝里面。

六是保证车间宿舍通道畅通，不乱上锁，教会所有员工使用灭火器，建立夜间定时巡查制度。在火灾中死亡的人一般都是先被烟雾熏倒，后才被烧的。新建厂房的时候尽量每层都留出阳台的空间，或许可以避免重大火灾责任事故。公司法规定投资人以投资额对公司承担责任，但万一出了重大责任事故的话，那就会适用刑法里的重大安全责任事故罪。夜间巡查可以定在凌晨 1 点和凌晨 4 点两个时间点，一般由夜间值班的保安到所有厂房和宿舍四周转一圈。

这个企业以前不按单采购包装材料。一次性采购 100 万个相同的挂牌，企业一单大约可以用到 0.3 万个。后来用这种挂牌的外贸公司老板两夫妻离婚，变成了两个外贸公司。当然是谁跟我们老板关系好我们就帮谁继续做。可惜的是这个客户不用以前的那种挂牌了。剩下大约80万个挂牌报废，好在单价低才0.03元一个，两万多块钱就这样亏损了。亏损2万块钱还是小问题，最重要的是在仓库占了个位置，丢也不是不丢也不是。仓库不要的东西堆多了有一种很可怕的情况会发生。那就是做正单的材料会被这些不需要的东西埋住。仓管员找不到的时候就会非正常补数。非正常补数就会有人要买单。材料厂愿意免费送的话就表示材料厂在买单。

这个企业以前包装鞋子的塑料袋也是不按单采购。这个规格的来5万个，那个规格的来8万个。后来有的小规格的几年都用不上。这个东西有个特点，大规格的可以代替小规格的用。没有按单采购，又没有人统计库存与订单用量，经常突然这个规格没有了，流水线要停工了。仓管员又赶紧打电话叫做塑料袋的材料厂马上帮我们做，一天十多个电话，把材料厂逼的好惨。那些用不上的塑料袋又是上万块钱亏损了。后来年轻的老板娘自己采购包装材料的时候才开始按单采购，就没有乱来了。

另外也有一个鞋业企业是那种快要破产的企业了。仓库里面也是库存了70支白色皮革材料，从材料上面的灰尘来看，好像放了五六年了。这种材料大约400块钱一支。好像3万块钱放在那里被老鼠咬一样，办公室来讨账人都堆满了。

能够按单而又没有按单采购的企业有很多坏处：

一是给发票造假提供了机会。比如材料厂送货数量是100，但开的发票数量是200。别以为是自己的亲戚就不会做这种事。老婆说不定都会这样搞自己的丈夫。有的企业就是垮在这里，有几张假发票一个企业就关门了。

二是给变卖和盗窃企业财产提供了机会。

三是容易出现突然性的材料短缺，影响生产速度。

四是增加了一些不必要的库存，容易引起火灾，占用空间，容易引起非正常补数。

鸡毛蒜皮　点石成金

某鞋业企业一名新进厂的仓管员，要领一支圆珠笔。仓库主管告诉他去找人事部，人事部又告诉他去找财务部。财务部经理说笔是归他管，但空口无凭，要仓库主管开个领料单来。他又去找仓库主管开领料单。财务部经理接到领料单，又说还要生产部经理签字才行。他又要去找生产部经理签字。这次可以拿到笔了。财务部经理交代说笔筒每个人一年只能领一次，笔筒要是丢了就要自己买，笔芯要是用完了可以开领料单来换。

圆珠笔才 1 块钱一支，1 块钱现在就能买个馒头。因为一支笔跑了半个上午，其实这半个上午工资都达到了 40 元。

这是个 3000 多人的大企业。那位财务部经理真的就是管几支圆珠笔，就是挂在企业里吃空饷的，可能是什么政府官员的亲戚。要是这位经理的工资算 8000 元，平均每天来领笔的人算 1 个，加前面的 40 元，那发出圆珠笔的成本就是 8000 除以 30 加上 40 等于 306.77 元。入库价是 1 元的圆珠笔，就在厂里待了几天，出库价值就是翻 300 倍，现实版的点石成金。

这里的意思就是说，价值不高的，又与产品成本无直接关系的东西，企业尽量管松些。对于单价十元以下的东西，如圆珠笔，单据本，手套等，争取不要开领料单或出库单。不开单随便哪个仓管员附带一下都过得去，开单就不一样了，多了个工作事项。采购员也是一样，价值 100 元以下的东西接到电话就要买，不要等什么申购单。

一支圆珠笔就可以让企业一天亏几百块，所以有的企业总是不知道自己亏在了哪里。假设有专人管这些东西，工资每年至少 4 万以上，有人管可能会浪费少些。如果每年用这些东西总价值才 8000 元，没人管就是算浪费 4000 元。何必用 4 万的工资成本来堵这个 4000 元的浪费呢。

企业并不是什么事都要求严格就表示管理水平高。其实不该管严的东西管严了，那就说明企业定员不合理，存在吃闲饭的人，拿了工资找点闲事给自己做。企业为什么会养闲人呢？管理水平不高的企业基本都会存在这种情况。

一是有的事情做起来对企业没有实在的意义，但又是企业一贯的做法。没有意义指的是对生产进度没有积极作用，对产品质量没有作用，对核算成本和工资没有作用，对后勤保障没有作用，或是人管理的东西的价值远远低于人本身的工资价值。

二是亲情关系。一般指的是安排老板或管理员的亲戚或情人之类的在企业里面干轻松的活。

三是盲目招工，感觉人多了又不好意思解雇，请神容易送神难。

精简究竟有多么重要，很多人体会不到。比如我是企业的管理员，现在有个外加工的一个补数的材料做好了，但他人不在家没办法送，我只要出去10分钟就拿回来了。但是我企业里有个规矩就是上班时间出厂门要开个放行条，而且还要两个领导签名。如果出去拿一下，今天这一单就收尾，顺利完成订单。如果有开放行条的这个阻力在，谁会去惹这个麻烦，那就只有拖。按农村人的说法就是要拉屎了才来挖粪坑，大家都会形成这种习惯。有的企业生产指令单要七八个人签名，补数单也是要七八个人签名。一个企业生产的速度因为签名就被卡住了。企业里面的精简包括人员精简，办事手续精简，单据精简，材料流转精简，财务取数精简等。单据精简包括生产指令单的制作精简等。

企业精简有很多作用：

一是提高员工工作的积极性，降低企业的工资成本，避免钩心斗角，工人干得开心。个别企业就是故意挂一些没有实际意义的工作岗位，故意引起心理矛盾。有的企业感觉某某管理员做事不行，但又怕辞聘他会短期给企业造成损失。所以故意招聘一个人放在他旁边，想等后来的人学会了再辞掉前面那个人。这种就是企业老板或者高层管理员瞻前顾后，犹豫不决，引起企业内部管理员心里矛盾。发现部下能力不行应该要直接说，宁愿承担短期的亏损，也要显示企业的威力。不要天天想换掉人家，结果十多年都没有换掉人家。

二是容易划清责任，涉及的人少就容易找到责任人，可以提高人的责任心。

三是防止员工犯错，事情越简单犯错的几率就越小。

四是办事手续简单，可以加快生产速度，提高工作效率，提高产品质量。有的企业领导就知道签名，什么都要自己签名。一是体现自己的权威。二是给自己找点事情做，让别人看到他在做事。

某企业有个很呆板的规定就是大货工序做到哪里来了样品就要到哪里，其中半成品仓库根本就不需要样品。总装车间每次要生产的时候，就跟半成品仓库要样品。车间还跟仓库员耍赖皮，你不给我样品，我车间就放假了。有的产品没有样品，有的样品还在上一道工序的上一道工序。这个东西对这个部门没有作用就不要流到这个部门来。一旦有人需要找样品的时候就要多找一个部门。这种呆板的做法违背了精简原则。对于样品的管理很多企业是没有明确规定的，有的企业里面只有一条就是谁丢了样品罚款 500 块。样品天天都有人在叫找不到，可就是从来没有听到有人被罚款。

在企业里面可以管理样品的人很多，业务员、生产主管、生产助理、人事文员、开发部等都可以管理样品。企业可以根据自身的实际情况指定样品管理人。有需要对样品的人就找样品管理员借。借了之后，要在最短的时间之内归还。谁借走了样品，样品管理员也要懂得催谁尽早归还。一般采购员、材料厂、加工厂以及生产车间都会要借样品。采购员要对着样品购买材料，加工厂要对着样品加工等。

呼朋引伴　息事宁人

物料进出频繁的企业一定要发挥出仓管员催货的职责，把主动催货放在第一位，把收货和点数放在第二位。加工厂和材料厂一般都有别的客户。你催他就先帮你做，你不催别人催他就先帮别人做。特别是补数这种麻烦事情，你不催的话，人家有可能会置之不理。

一般的人都会认为仓管员就是收货和点数的，有的还会认为会写自己的名字就可以了。很多企业都不重视仓管员这个职位。这里告诉大家，仓库工作是企业车间生产的准备工作。准备工作做得好，车间一单一单地生产，自然就产量高，数据准，品质高。有的企业，车间这单做一下没完成，马上又换另一单，另一单没完成又换一单。车间摆上个十多单，材料乱堆乱放。

正常的补数一般不追究责任，企业承担损失。理由是：

一是可以消除物料交接人之间过分紧张的关系。例如领料的人，料还没领就问等下少了怎么办，硬是要一包一包点数，浪费时间。真点到差一个，马上就告领导，造成人与人之间好像有那种有你就没我的感觉。要是开发部或客户拿走一个部件去对样品，就会搞得大家吵吵闹闹，露不出笑容。

二是加快满件的速度，给客人满意的答案。例如做鞋的差 20 双满单，赶紧补起来，材料和工资可能就 400 来块，如果 20 双短装企业可能亏 1000 多块。短装给客人留下的印象很坏。有的企业实行谁开补数单就追究谁的责任，大家都只管数量，不管质量，明明发现次品也会往下道工序流，企业就没有质量保证。

三是提高管理人员的工作积极性。例如有的企业是谁开补数单就追究谁的责任，很呆板。那有的人就宁愿让企业出不了货也不会开补数单，没有人会主动去清理尾数，除非老板或高层管理员来逼，也就是说非常被动。

四是仓管员不再需要对少量差数承担责任，不需要天天不停地点数，可以空出点数的时间来关注企业的安排计划，可以提高产量。

五是避免重复点数，倒在地板上面点数，影响产品的清洁。

企业仓管员若发现材料厂或加工厂有材料送错到本厂的时候，一定要第一时间通知别人。他山之石，不可攻玉。现实情况中，工人看错标签，送错位置很正常，企业没必要为难材料厂或加工厂。这样做的好处有第一是给人一种讲信用的感觉。你以后说话人家就会相信你，你说急人家马上就会帮你做。你说出货人家不睡觉也会帮你赶货。第二是以后遇到补数的麻烦事情人家也会尽快帮你处理。第三是可以挽回人家不必要的经济损失。

肝胆相照　喜上眉梢

某鞋业企业流水线领料员到半成品仓库领鞋面。鞋子从41码到45码，每个号码400双，共2000双，鞋面是每10双装一袋。仓管员拿一袋看一下，念一下，记一下，丢一下。领料员是捡一袋，念一下，记一下，装一袋。到最后两个人对一下数据，41码的是420双，42码的是380双，明显是把42码的10双念成了41码。仓管员假心假意问要不要卸下来重新点一下。领料员说都装那么大车了还卸，拉回车间去后自己再点一下。晚上9点要出货的时候，客户过来问42码的发了多少鞋面。仓管员回答380双，领料员也回答380双。客户大发脾气，骂到42码的箱子都装满件了，是不是装箱的装错了，通通都要翻箱。仓管员马上给客户认错，说41码的与42码的记混了20双。第二天仓管员照着生产指令单抄写，每个号码400双，共2000双，开了出库单，领料员也签字，敷衍了事。意思就是说昨天两个人眉来眼去白干一个下午。那为什么会这样白干呢？因为每个领导都在要求一定要当面点清数量，所以这些部下不白干都不行。万一领导看见大家没有当面点数的话，肯定要被批评。

当面点清，签字为证，这个在企业里面是铁的规矩，没有那位老板或高层管理员会否定这一点。有句古话叫人多乱杂，死套这一条，违背精简原则，有时候更会起到搅乱数据准确的反作用，有时候还会因不清洁引起返工。企业里面正确的原则是只要经过谁的手，谁就要承担责任，不是说别人签名了，你就可以不管了。企业里面各部门不但要对前面部门承担责任，还要对后面部门承担责任。企业里面出了问题不管是谁的责任，与之相关的人都有义务协助处理问题。老板或高层管理要教自己的部下敢于承担责任，不要教自己的部下推卸责任，死皮赖脸。一些不贵重的部件大家都当面点数，表面上看起来大家都在认真做事，实际是人与人之间过分紧张，都是在为后面出问题提前推卸责任。

这里正确的做法是仓管员把入库的数据报给领料员，领料员对一下物料是否与入库数据相符，不要双方一起一包一包地记数，领料员把物料拉回车间后按号码分开再点数。仓管员要点准入库的数据，出库不要与车间领料员去当面点数。因为半成品出库不涉及财务部核算成本，也不涉及核算工资，财务部没必要收这个出库单据。企业不要死套有入库就一定要有出库的规矩。半成品仓库一般只要有入库，就会发出来，发不出来就要开补数单。科学的管理方法，要坚持按单生产的原则，不允许半成品仓库随便有库存的，特别是用部件组装产品的企业。半成品库存严重的企业说明没有按单采购材料，也没有按单核算工资，存在很大的财务漏洞，非常危险。

按单核算的企业，很多东西财务部只要管第一次入库，不要插手其在企业内部的流转过程，要是流转过程中出了问题那是生产主管要处理的。轻工企业的财务工作做好的前提条件在于生产指令单编号连续，而关键就在于取舍数据。该要的数据一定要得到，不该要的数据坚决不取。按单核算指的是按照本厂生产指令单的数据进行核算材料货款，核算外加工加工费，核算本厂计件工人工资，按单分摊其他成本，补数另外处理的一种算账方法。材料厂和外加工的送货发票只是一个辅助性的对账依据。企业内部没有一个交接单据也可以给计件车间核算车间工人的总工资。

或许有的人会问这个问题，你东西给人家了，要是人家不认账，你怎么办。那我们就换个问题，其实是同一个问题。假设你去超市买东西，你给了人家 5 块钱，人家收了你的钱之后不给你东西，还说你没给他钱，那你怎么办。这种情况就是属于耍赖皮，现实中存在这种情况，但管理学不考虑耍赖皮，真遇到耍赖皮就作为突发事项处理。企业如果碰到类似情况，就是考验生产主管确定不正常补数责任人的能力了。

企业对产品部件重复点数或倒在地板上面点数是下策。本来别人就点好数了，别人送来的时候我不相信别人，我又要点一遍。我再发给别人的时候，别人不相信我，又要当着我的面来点数。最怕的就是把东西倒在地板上面点数，滚来滚去，白色的滚成灰色。前面部门故意把东西滚脏，后面部门又故意安排两个人擦清洁水，何必要这样搞呢？表面上看大家都在点数，工作都很认真负责，实际上大家都是怕少数，都是怕要自己部门承担责任，都是在提前推卸责任。

数据并不是点数的人越多就越准。不信的人可以去做个实验。拿 198 张纸到大街上去随机找 10 个人来点一下看是多少张。所有人都不点第二遍，答案肯定是五花八门。肯定有人会回答点错了，肯定有人会回答是 200 张。真正点准是 198 张的人说不定一个都没有一个。

瞻前顾后　环环相扣

某鞋业企业生产 2000 双鞋子，对于入库的鞋底要一双一双进行全检。品检员检查后合格的鞋底，有包装好写好标签。不合格的鞋底则是乱码乱脚，乱丢在一堆。接下来生产副总就要求仓管员来点数。一是点不合格的鞋底，二是要点合格的鞋底，还要把合格与不合格的加起来看与订单数据是否相符。不合格的鞋底大约有 500 双。点这些不合格的鞋底先要按号码分开，再要按左右脚分开，然后才能点数。两个仓管员从晚上 7 点开始点数，到晚上 11 点才结束。点数的目的就是为了退不合格的鞋底给材料厂有个数据，害怕退货没数据，人家不认账。

材料厂是按号码分开一包一包送货来的，而且企业筐子有的是，这里品检员明明可以把不合格的鞋底按号码分开，却故意给别人制造麻烦。还说我只管质量，不管数量，点数是仓管员的事情。生产副总和品检部经理都在场，都纵容品检员给别人制造麻烦，还替品检员说品检部只管质量不管数量，因为这是企业 20 多年以来一贯的做法。

其实正确的做法就是点出合格鞋底的数据，再用企业生产指令单的数据减去合格的数据，差的数据就是要材料厂重新做。本来只要 20 分钟就可以解决的问题结果花了 8 个小时。2 减 1 等于 1。道理就这么简单。把差的数据和不合格的鞋底同时给材料厂就对了。难道我们还要用几个仓管员去点人家不合格的产品呢，人家给我们不合格的东西我们还要怕人家呢，还要把人家当爷爷呢。材料厂要是不认账，不重新送合格的产品来，我整单货款不算给他，我以前欠他几十万，几百万统统赖在这一单上面。理由就是你让我出不了货，你让我损失了几百万。不管是老板还是生产主管都要具备这种威力，企业仓管员才有办法在企业里面长期稳定工作。因为仓库工作是车间的准备工作，仓管员不稳定企业产量和质量就很难稳定。

假设你是老板你会下令故意少给你的客户产品数量吗，你会人家也会，你不会人家也不会。我们这里说的是故意。告诉大家这样的老板是肯定有，但在长期合法经营的企业里面，一般老板不会下这样的命令。

造成材料入库差数的原因主要有：

一是对方标识不清，例如对方工人做成了次品。工人用了 100 个产品的材料，结果只做出 97 个合格的产品，他有可能标签写 100 个产品，实际就装 97 个产品。

二是对方工人点数点错。

三是对方开单出错。

四是对方开了单，但有漏网之鱼，没有上车，大部分企业仓库位置都是不够用的，东西放错地方很常见。不是马上能变现的贵重物品一般不考虑司机和装卸工中途吃掉，但车没门或没车厢，那要考虑会掉在大路上。

五是对方机台点数。害怕人工点数要工资，所以用机台点数。害怕机台点数不准多给人家，比如是 100 个一捆，他就人为地把那个 100 调为 99，造成差数。又害怕人家不够，他又会多做一些放在家里。

有的人说要是抽查对方差数，就不签对方的发票，下次对方就不敢差了。这种说法是没有研究对方差数的原因，简单地认为对方差数是对方耍赖皮造成的，纯粹是无稽之谈。抓住人家一次，人家下次就不敢了，这种想法太天真了，如同乳臭未干的小孩。企业里面说这种话的领导很多，其实都是没工作经验，凭空想象，自己靠耍赖皮吃饭就以为所有人都是靠耍赖皮吃饭。

仓管员收货就要分情况点数。原材料或贵重物品，也就是说不管是谁得到马上可以变现的东西，一定要当面点清。涉及多个单，多数包，件件规格不一的，按单入库的东西，不一定要当面点数，但一般当天要点一下包数到齐了没有，至于每包里面有没有装那么多个数，仓管员真的不要惹这个麻烦。发现少件数的不要慌张，马上打电话给对方，询问情况，一般对方都会协助处理。有的人就会问仓管员不抽查，少了怎么办。那我们就反问如果抽查够数了，车间要补数的时候是不是你就不找人家补。不管你抽不抽查，少了数，始终是要找人家。那你抽查不是白干，白干真的不如不干。

如果真的差数了，车间要开欠的数量给仓管员。仓管员接到欠数单后先要确定是否正常。如果数量正常则马上发给材料厂补数，按单入库的部件，发生正常补数绝对不算钱给材料厂。如果不正常就要马上寻找原因，找不到原因就要马上上报生产主管。生产主管要一关一关去追查，一关一关排除，材料厂有没有送完也属于其中要查的一关，得出最有可能出问题的地方。企业里的物品一般不会凭空消失，只要认真查，一般都查得出来。企业内部不正常的补数一般要算货款给材料厂，但仓管员和生产主管也可以给材料厂求人情。材料厂在客户面前是属于弱势方，说不定会同意免费补数。求人情的目的是因为打工的都要帮打工的，工人的承受能力有限，材料厂的承受能力要大一些。人家同意免费补数，就意味着生产主管不用开补数单，不用扣工人的工资，但要小惩罚一下犯错的工人。只要讲明了是自己的责任，请求材料厂和加工厂承担损失，而且别人又愿意承担，就不算故意推卸责任给材料厂和加工厂。

假设材料厂认为给够了，正常的补数他不补怎么办。在企业里面很多人都会问这个属于耍赖皮的问题。按单入库，又不涉及生产指令单核算耗量的部件，一般都要人家免费补数。双方长期合作的企业一般不会产生这种耍赖皮的问题，偶尔人家说不补数只是发一下牢骚而已。

企业发部件给加工厂的时候，若清点数量时间不足，就可以采用称重量的方法，并且要求加工厂按原来的包装方式送货过来。

轻工企业的材料一般来自于重工企业。轻工企业与重工企业不是按产品的轻重来区分的。产品主要卖给市场而不是卖给其他企业的一般属于轻工企业。以其他企业为客户为主的企业一般属于重工企业。重工企业的材料主要来源于开采或回收利用。

在企业里面绝对不允许前面一关给后面一关故意制造麻

烦。本篇开头讲的品检员把不同号码的鞋底不分左右脚乱堆在一起，企业高层管理员看到了也怀纵容态度，随后又下令叫仓管员来分开号码分开左右脚，清点数据。一个企业的管理水平到了这么荒唐的地步。人家仓管员是出来打工的，不是出来被人欺负的，工资再高也没人给没人给你干，你们换人来吧。要是企业按国家法律一个月交接期的话，这个仓管员的职位，企业每年至少要换 6 个以上。高层管理员说话办事都要注意照顾所有部下，如果你的部下都不稳定的话，自己也是很难稳定的。换一次人说不定就要加一次工资，员工不稳定会抬高企业的工资成本。

仓管员不清点数量的原因有：

一是有的东西差多少，人家就要补多少，所以大胆相信人家。

二是多家送货的同时来，没办法一家一家点数，只好不点数，大家同时一起卸，各放一堆。

三是送货的人在快下班的时候来，千事万事吃饭是大事，来不及点数了。

四是点数有困难，材料包装规格不统一，有的 8 个一包，有的 15 个一包，材料重的话搬不动。

所以企业里面仓管员不点数是很正常的现象，不出问题就睁一只眼闭一只眼，过得去就算了。出了问题，比如上报入库的东西在仓库里面不见了，该处罚一下还是要处罚一下，但生产主管要帮助处理。不过重要的物品和不按单核算的材料，财务部要记账，逼仓管员不敢不点数，不敢乱签名。

很多企业的总装车间一般指的是流水线。企业流水线作业的时候，生产数据是否清楚，要看两个位置。第一个是找准一个在前面上线而且容易点数的部件，让往流水线前面放这部件的工人计数。数十个记一次数量，部件每放十个就与前面十个隔开一小点距离，其他部件是不用点数的。第二个是流水线最后面收集成品产品的工人，也要登记产品数量。例如前面工人记的数量是 200，后面工人记的数量是 198。那就表示流水线中间有两个产品没有组装成功，然后再去看这两个是少了什么部件没配起来，还是那个位置工人做报废了。有的企业流水线很长，上百人作业，流水线上面的数据就显得非常重要。这里的方法叫百米长蛇顾首顾尾，抓住蛇的头与尾巴，中间随便它怎么样都跑不掉。

企业要不要单独设立品检部门，要根据企业的产品而定。对质量要求严格的企业，如食品，药品，饮料等是必须设立专业品检部门的。对于质量要求不是很严格的企业，如造鞋，造衣服等，可以不设立独立的品检部门。车间自己对自己生产的产品质量负责，每个车间自己配品检员，品检员归车间管理员管辖，后续出了质量问题车间管理员承担责任。现实情况中，很多独立的品检部门都成了为车间顶罪的部门。有的企业生产主管没有威力，出了品质问题不敢责怪车间没做好，只会责骂品检人员没有发现。车间员工越来越嚣张，企业产品质量越做越差。

分工明确　深明大义

某鞋业企业订单很多，大部分是大单。但是中转仓库里面确实龙蛇混杂，兵荒马乱。每个仓管员都是按单分管的，每个人手上都有 7 到 15 个单。裁断车间入库的材料，印刷加工入库的材料，品检检验好的材料统统堆在一个地方，是谁的东西谁就自己去捡。结果是已经印刷好的材料又拉去印刷，已经品检好的材料又拉去品检，该拉去印刷的材料又收起来了，该拉去品检的材料又收起来了。领导又一再下令，大家要相互帮忙，数据一定要当面点清。每进一包仓管员必须记账，每出一包也必须记账。我去拉我的东西，如果没拉别人的，领导看到了就会说你不帮别人。因为每个单大约有 40 个部件，每个部件大约又分 9 个规格。也就是说每个仓管员每天处理的数据量是相当大的。几乎每时每刻都听到有人说东西不见了。每天中转仓主管都要组织仓管员去其他部门找东西，每天晚上他们中转仓都要工作到 11 点，还干不完，仓管员都在叫着要辞工。最奇怪的是大大的一包材料从一楼中转仓跑到五楼开发室去了，因为开发室与仓库不存在大货往来关系。

这个仓库要管好的话：

一是下令不要乱帮忙。因为你帮了人家，但你并没时间交代人家，所以帮了人家会让人家越来越忙。帮忙的前提条件是要分工。

二是划定各部门送货来堆放的区域，比如裁断车间来的部件放一个区域，外面加工厂送来的部件放一个区域，检验好的部件放一个区域。

三是出库不要与领料人员去当面点。入库也点数，出库也点数，等于就是重复点数，正确的做法是把入库数据给领料员自己去对。

四是争取需要外加工的部件和不需要外加工的部件用不同颜色的袋子装，注意袋子不能褪色。这里要特别提示，企业不要用那种碰一下就烂的手提袋装部件，会浪费胶布，会掉落部件引起补数。质量好的手提袋也可以重复利用。

五是划清各位仓管员的空间，不能让大家见空子就钻。

这里仓管员按单分工也不是很合理。存在很大的缺点：

一是你手上两单我手上三单容易引起员工心里矛盾，很容易给人分工不公平的感觉。心里矛盾是工作上最大的矛盾，利益矛盾一般也会通过心里矛盾来体现。

二是完成一单马上又接到三单，谁主动积极谁就不停地加工作量，到最后没一个积极的，统统消极对待工作。

三是每个人所要接触的关联人过多，多样化不利于换人交接。企业分工要提前考虑假设换人来，人家是不是很快就能接手。

还有一种科学的分工方法就是按构成产品的部件分工。

包括按部件的不同材料分工，按部件的不同来源分工，按部件的形状大小不同分工，按部件是否要外发加工分工。这种分工方法需要企业生产指令单编号连续，员工工作起来就得心应手。这种分工方法化解了主要的心里矛盾，但其最大的缺点是车间来领料的人要与多名仓管员交接。破解这个缺点的方法有：一是企业尽量让员工稳定。二是提前备料，即所有相关的仓管员把同一单的物料集中在一个位置。三是仓库给车间送料，打破车间一定要配领料员的老规则。备料和送料从本质上来讲是同一回事，备料集合的位置在仓库，送料集合的位置在车间。仓库空间大就用备料，车间配领料员。车间空间大就用送料，车间不配领料员。

物料内部流转应当兼顾直线最短与集中原则。例如你管包装材料，我是车间领料的人，所有包装材料我只找你要，我不找第二个人，这就叫集中。例如这个东西要从你这里到他那里，能不经过我这里就不经过我这里，越少人插手越好，这就叫直线最短。特别是中途返工的部件，一定要注意直线原则。比如一个部件从一车间流到二车间，再从二车间流到三车间。当三车间发现一车间没做好的时候，三车间应该把部件往一车间退，最好是不要让二车间插手。

这个仓库好不容易配套了一单鞋面可以上针线车间组装了。这单又大又很好做。好做的事一般大家都会抢着做。针线车间在工厂里叫针车车间。生产副总下个通知给仓库要把这一单发给 A 针车外加工厂加工。生产部经理下个通知给仓库要发给 B 针车加工厂加工。总经理助理下个通知给仓库要发给 C 针车加工厂加工。本企业针车车间主任下个通知给仓库要给他的工人做这单。四个矛盾的通知，四个都是大领导，仓库主管任何一个都得罪不起。当 A 加工厂来找仓库主管拉材料的时候，仓库主管就说我打个电话给本企业针车车间主任，你们自己处理。本企业针车车间主任来了就说，谁都不准乱动，我们自己要做这一单。他马上打电话给老板，说这单我们自己的工人要做，谁要是把这单发给外面的加工厂做，我们车间 500 个工人马上停工，明天就要算工资给我们走。老板吓都被吓坏了，马上打电话给仓库主管，发给自己厂里工人做。为什么这些高层领导要抢着外发呢，这就涉及吃回扣的问题了。这个单 12000 双，本厂工人做的单价是 9 元一双，外发加工一般是 1.5 倍的单价。一般周围厂给工人的工价都差不了多少，所以给加工厂的单价是 13.5 元一双。加工厂每双扣除电费房租费和运费，可以每双得利润大概 3.5 元左右，一单利润就有 4 万左右。他这个 4 万如果不分一点给那些高层管理员的话，就接不到这个单。这个例子是真实的，本书讲的例子除个别是在报纸上面看到的外，其余全部是作者亲眼所见。所以企业外发加工还是要坚持优先满足内部工人的原则，坚持外加工就近原则，不能让加工厂与本厂工人抢事做。原则在先，什么领导都不能违背企业的原则。

当然这种企业车间管理员动不动就威胁老板要罢工的方式也不可取。为缓解这种行为，企业可以采取亲属回避制度，而且可以在企业招工简章上面明确规定。企业生产部门员工上级与下级之间不允许存在直系亲属关系。比如我是厂长，那下面的车间主任级的不允许是我的亲戚。假如我是车间主任，那车间的组长不允许是我的亲戚。假如我是车间组长，那我下面的工人不允许是我的亲戚。这一条如果企业做得到的话，首先有利于分工公平，稳定员工的作用；其次会提高企业生产效率，车间不会随便养闲人；再次会间接性地提高产品质量。这种人事做法是属于一刀切的方式，与前面讲的不矛盾。

逢山开路　逢水搭桥

某鞋业企业生产 2000 双鞋子，这是企业的新款产品，其中有一道工序，在研究材料和研究节省成本的过程中耽误了一个星期的时间。材料买回来后要再进行复合加工，这里的复合指的是把不同的材料用胶水黏贴起来。仓管员打了三个电话，A 复合厂的人就是不来拉材料去加工。仓管员马上上报厂长。厂长马上下令采购员倒车到仓库装材料。装完后，厂长、仓管员、采购员把材料送到 A 复合厂。路程很近，他们两分钟时间就到了，所以大家可以上班时间全部一起去。A 复合厂老板自己在维修机台，工人都放假了。厂长问 A 复合长老板今天有没有办法修得好，A 复合厂老板回答今天机台修不好。厂长又问你们今天能不能想别的办法，我这个事情不能拖到明天。A 复合厂老板又回答我机台也坏了，工人也放假了，你也看到了，今天真的没办法了。厂长又说那我们就想别的办法了。复合厂老板又说我实在是没有办法。厂长又说那我们就走了。复合厂老板说要不要喝杯茶再走。厂长就说我们三个都是上班的，没有时间喝茶。回来的时候，厂长在车上就打电话征求老板意见，要找别的复合厂帮忙加工。下午一上班另外一个 B

复合厂就来拉材料了，而且下午四点左右就做好送过来了。这个B复合厂比较远，开车大概要15分钟时间。因为他们第一次与这个企业打交道，为了争取客户，B复合厂开出了明显低于市场的单价。鞋业企业的老板就把A复合厂的老板叫过来说，人家单价3.2元，你3.6元做了那么多年，3.2元你做不做。A复合厂老板就说3.2元确实要亏本，你可以给别人做一段日子试一下。他不知道这试一下就是七八年，就这样把客户丢掉了。

这里鞋业企业管理人员个个都讲原则，在生产上是兵贵神速，逢山开路，逢水搭桥，风雨无阻。A复合厂是属于天灾人祸，祸不单行，自以为鞋业企业老板是自己的堂哥，鞋业企业采购员是自己的表弟，本以为天塌下来都不会丢掉这个客户，从此一蹶不振，最后关门大吉。B复合厂是天赐良机，机不可失，失不再来。复合厂的客户只能针对周围十公里左右的工厂，客户资源非常有限，附近几家复合厂竞争非常激烈。A复合厂机台坏了，连续三句回答客户没办法，其实他有办法，是他没有去想。你机台坏了，或者是停电等特殊情况，你应该把客户的材料拿到周围没有坏机台或者没有停电的与自己一样设备的复合厂去加工，宁愿亏一次也要留住客户。

A复合厂老板人很老实，也很好说话，要是叫他免费送点材料他也会同意，诚信经营。B复合厂低于市场的单价，按正常情况是要亏本的，但他存在灰色经营，你给他六捆材料加工，说不定他给你送过来的是四捆材料。仓管员打电话跟他要那两捆材料，他不是说马上送过来，而是叫仓管员到他厂里去喝茶。这喝茶的意思显而易见就是想私分那两捆材料。而这个鞋业企业内部管理水平很高，财务数据一清二楚，仓管员不存在吃里扒外的前提条件。假设这个鞋业企业没财务数据的话，这个仓管员可能赖在这个企业一辈子都不走，直到企业破产为止。所以说谁单价要得低就给谁做，并不一定是明智的选择。由于这个鞋业企业与 B 复合不存在合作的前提条件，要不了一两个月，双方就会绝交。与 B 复合厂长期合作的企业存在很大的破产风险。

这个厂长是非常优秀的生产管理人才，很讲究原则，晚上与别人一起喝酒喝到 1 点，第二天早上 8 点准时打电话叫别人送货来。他喝酒归喝酒，工作归工作，有酒不喝白不喝，没酒喝不跟人讨酒喝，不管有没有酒喝，所有外加工厂在工作上都是公平对待。他喝了酒还开车回去，半路下车撒尿不开警示灯，刚好被交警抓，被牢房关他一个月。以前他被人陷害，老板误听谣言，找借口说他就知道吃喝，把他赶走。后来企业换了三四个厂长，没一个正经的，搞得厂里乌烟瘴气，臭名远扬。这次老板变聪明了，一个月牢房期满后亲自去牢房门口接他。

这里要讲一个非常特殊的问题。物料进出频繁的企业，企业的大门随时随刻都要给生产主管，采购员，仓管员开绿灯，考勤也要尽量放松。有的大企业为防止工人上班时间出厂门办私事，过分严格控制员工进出厂门，出厂门办件事情还要两三个领导签名。管理员出去办件正事要找三四个领导签名，会影响大家工作的积极性，进而影响企业的生产进度。这里告诉大家现在在外打工的不管办什么私事都要花钱，普通工薪族没那么多钱天天办私事。

运筹帷幄　井井有条

这里讲的是企业生产管理要有安排和计划，生产管理的精髓就在这里。这里的计划主要讲周计划和日计划。

周计划一般可以安排两周，每隔五天更新一次，更新的日期可以定为每月5号，10号，15号，20号，25号，30号。以企业总装车间为基准，按照客户出货日期先后顺序，结合车间生产能力，进行排单。例如5号到11号为一周期，12号到18号为第二周期，第一周期生产0001，0002，0003，0004单，第二周期生产0005，0006，0007。在5号前各部门要加紧催收0001，0002，0003，0004单的材料，生产主管要跟踪落实。在5号也要注意催收第二周期的材料。对于催收不到位的仓管员要给予小小的惩罚。没有周计划的企业，生产方面是很可怕的，几十个人的流水线，早上8点还不知道9点要做什么，一上线又差这个又差那个，发货的仓管员下午都不知道晚上要出货。你怪我没有上报，我怪你没有下通知。注意这里周期不一定要死套日常生活中的星期。周期计划表一定要使用纸质打印，分发给各部门，千万不要采用单纯的发邮件或软件系统操作了事。电子报表可以用不同字体颜色区分各工序的进程。企业生产部门的生产报表可以做两份，一份按生产指令单编号顺序排列，主要目的是方便统计数据，列举的单号包括所有下发到各部门的所有单，接到新单就加进去。另一份按出货日期排列，列举的生产指令单一般只需要列举总装车间接下来 15 天以内计划生产的单。

日计划指的管理人员每天下班前要记载第二天的工作事项，例如仓管员就可以记载 0001 单补数，0002 单材料处理异常，0003 单准备出库，催 0004 单材料等。日计划一般每天一页，放在办公桌上，管理员一项一项去落实和追踪。日计划是跟着周计划走的，但日计划要把突发事项作为重点落实对象。企业生产部每天都要收集各相关管理员昨天的日计划单据。适合做日计划工作的职位有生产主管、采购员、仓管员、车间主管、领料员等。有做日计划的员工就不会轻易地忘记或漏掉重要的事情，不会被动挨打。

计划落空不要紧，关键在于企业有没有计划，计划与实际是有很大差别的。这一周期计划的工作没完成的，马上更新到下一周期。与计划相关联的词叫配套，配套是企业里面一个通俗的叫法。订单繁多的企业，生产计划能不能顺利进行，首先与生产指令单制作的科学性有关，其次与生产主管、仓管员的能力有关，注意能力与经验是两回事。

生产进度会议一般生产主管，原料仓仓管，中转仓仓管到齐就可以召开，特殊情况老板和车间管理员也可以参加。生产进度会议上大家要养成一边对进度，一边打电话催材料的习惯，千万不要认为开会就要关手机。特别是生产主管，当场有人反映问题，当场就要打电话处理。生产进度会议讨论的话题一般是周计划所列事项和突发事项，重点追踪接下来 15 天以内总装车间材料配套。另外要特别提示了解生产进度不一定要开会，生产主管也可以找重要的人员单独对进度。企业会计工作或采购工作最好是不要让生产主管兼职，企业小是没办法。

生产计划的高级内容包括计划采购单下发时间，计划材料入库时间，计划车间生产所需要的时间等，这些需要企业管理人员有丰富的工作经验。例如我下这单给材料厂，就要估算材料厂需要多久时间能够完成。材料入库的时候仓库有没有足够的位置堆放。材料入库太早了会没地方堆放，材料入库太晚会影响车间生产速度。车间在生产之前一般就要准备好样品与模具。生产有计划的企业就可以合理利用企业有限的空间。

下面讲述生产主管的主要职责：

一是制定生产周计划。制定计划的时候要与业务部沟通，不是逼不得已，不能随意更改计划。

二是追踪生产进度，落实配套情况，确保计划按期执行。

三是例行检查各部门生产工作。

四是处理异常情况，特别是外加工和材料厂的异常问题。

五是跨部门协调工作。

企业常见的异常情况有：

一是客户更改订单，包括更改订单数量，要求提前交货，突然撤单。

二是漏单。忘记下生产指令单，忘记下采购单等。

三是材料厂和加工厂情况异常，预计材料无法按期入库。

四是材料不翼而飞。

五是质量出问题。

六是突发情况，如停电、模具坏掉、机台设备出故障、洪水进厂、工人缺勤等。

七是员工犯错，包括下错单、做错材料、做坏材料等。

例行检查 小打小敲

某鞋业企业二楼是流水线，做好的鞋子一双一双地用吊篮吊到四楼。二楼有个放的工人，四楼有个捡的工人。这个捡的工人要一单一单按号码按颜色分开堆放。这个捡的工人喜欢一边工作一边看手机电视，所以鞋子经常放错位置，有的时候一堆 20 双要放错七八双。生产副总和生产部经理也经常发现他用手机看电视剧，有的时候还躲在后面观看十几分钟，也经常发现他放错鞋子，每次都是说下不为例，下次再看到你看电视就记你个大过，可他就是不改。工人还说要是给我记个大过，老子我就不干了，还真辞职书都交了好几次。那个生产副总和生产部经理现在都跳槽了，企业应该还是个老样子。这里错就错在企业的规章制度，企业规定记警告一次罚款 100 元，记小过一次罚款 200 元，记大过一次罚款 450 元。

表面上看这种处罚制度非常正确，大多数企业都在采用这种制度。其实这种制度比较适合官场，对于劳动密集型企业几乎是纸上谈兵，很少派得上用场。这里罚款至少是 100 块，相当于工人一天的工资。管理人员自己心里非常明白工人承受不起。那工人心里非常明白管理员下不了这个手，真要下得了手，老子我不干了，你吓唬我，你看我吓唬谁。由于不科学的罚款制度，造成了工人与管理员之间的一种心里矛盾，企业对于员工的小错总是不了了之，久而久之工人就懒懒散散，无规无矩。管理员就变得威信扫地，软弱无能，卷铺盖走人，换一个来还是要走人。下不为例在管理学里面是个非常忌讳的词语，它背后延伸的有敷衍了事，不了了之，周而复始，习以为常。企业质量做不好，跟这个不科学的罚款制度是有很大关系的。所以在企业里面现在每个人都认为是天经地义的制度不一定是科学的。小错堆积如山，必然铸就大错，亏损几万、几十万自然就成了家常便饭。

企业生产主管每天都要对与生产有关的部门进行检查。检查的内容包括抽查标签是否书写规范，抽查实物是否与标签相符，月薪人员是否违规做计件的工作，工人是否违规操作，工人是否玩手机，管理人员开单是否潦草，管理人员是否有日计划纪录，员工是否在车间仓库吸烟，是否违规使用劳动工具等。企业发现问题要坚持当场罚款的原则，罚款应当坚持 5 元，10 元，20 元等小打小敲的原则，细水长流。其实最理想的状态就是没的流，当然该重罚的还是要重罚，而且企业要把小额罚款的权利下放给基层管理人员。

小打小敲的罚款制度有很多好处：

一是可以树立管理人员的威信，言必行，行必果，不用欺骗和吓唬工人。

二是可以给工人一点小小的警告，说一万句不如小罚款一次，保证工人以后小心翼翼，但没办法杜绝犯错。

三是可以提高生产效益和产品质量，可以防止小过错造成大损失。

四是可以遏制个别一手遮天的车间管理人员，小打小敲谁都怕，而那些走极端动不动就罚款几百的纸老虎制度反而谁都不怕。

五是不伤老板、管理人员和工人之间的和气，可以构建和谐的劳动关系。现实中很多管理员觉得罚款行不通，就经常骂人，一不小心伤害工人的自尊心，有的甚至发生手脚冲突。

对工人进行罚款一般要书面通知工人。罚款的目的绝对不是为了增加企业的收入，罚款的目的是要让工人提高警惕，以后把工作做好。与罚款相对应的就是补贴，企业也应该把小额补贴的权利下放给基层管理员。企业财务部接到管理员开来的小额罚款和补贴单，应当立即执行，不得要求企业领导签字，超过一定额度的当然要领导审批。小错小罚，小功小补，大错大罚，不死套老规章制度，灵活机动就是企业最好的规章制度。

因为补贴与罚款是同一个问题的正负不同表现形式。所以合理补贴与合理罚款基本具有同等作用。

企业里面常见的劳动工具有手推车、货车、电梯、胶框等。绝对不允许工人为了方便自己将手推车隐藏，手推车闲置的时候一般是放在显眼的位置。绝对不允许工人长时间堵住电梯的门，不让电梯自动关门。

企业高层管理员躲在暗处观看工人这种做法是不对的，丧失威力，给工人一种阴险的感觉。工人在违纪，你看一眼跟看一个钟头，本质上是没有区别的。

顺藤摸瓜　明察秋毫

某鞋业企业生产 12000 双拖鞋。外加工厂的人接到电话到厂里来拉材料去印刷加工，中转仓仓管员告诉他材料没来，原材料仓库仓管员告诉他材料来了，意思就是无缘无故一个部件的材料不见了。企业的流程是材料厂送货来，原材料仓库仓管员先收，之后原材料仓仓管员转交给中转仓仓管员。最后由中转仓仓管员发出去加工。材料本身分左右两块，左块是要印刷加工，右块是要手工钉颗钉。厂长雷霆大发，把材料供应厂，原料仓仓管员，中转仓仓管员，通通叫过来询问。唯独钉钉的没叫来，因为钉钉的手工加工厂是位美女老板。材料供应厂说送够了，拿出原料仓仓管员签字的凭证，还说从模具里出来就是左右孪生的。原料仓仓管员也拿出中转仓仓管员签字的凭证。钉钉的美女打电话告诉厂长说只拿了右块部件，没拿左块部件。中转仓仓管员一口咬定是原材料仓仓管员没给他够。中间有个问题，材料厂给原材料仓仓管时是称重量的，原料仓仓管员给中转仓仓管员交接也是称重量的。重量大家都承认了，都是当面看秤的。财务部来称单重，再用他们交接单据上的总重量除以单重，从理论上来讲中转仓仓管员是拿够了。大家都坐以待毙，都希望出现奇迹。一拖就是两个星期，业务员告老板了，再不出货，客人不要了。十万火急，先救火要紧，厂长下令先补数，补数又不知道谁承担责任。大家统统都来画押，签免责状，先补数，日后发现是谁的过错，再秋后算账。材料厂补数补到一半的时候，叫停，这边真相大白了。原来钉钉的那位美女不但拉走了右块，左块也被他拉走了，左右不分。这里属于非正常补数。企业额外向材料厂支付了 2000 元的货款。事后原料仓仓管员与中转仓仓管员，被老板扣住工资不发，拖了一个月。

先讲这位美女老板，你是加工厂，见东西就拉，不分青红皂白，人家问你，你看都不去看一下东西，闭着眼睛就回答，对自己的客户一点都不负责任。中转仓仓管员发右块的时候，就应该要想到左块，自己工作不认真还死皮赖脸。原料仓仓管员把交接单据和免责状拿出来有什么用。这是企业，不是法院，企业是不出问题单据都是证据，出了问题单据都是废纸。在企业里不管是领导还是老板都会要求当面点清，签字为证，真要出了问题，神仙签的字都不认。最后讲这个厂长，从发现问题到决定补数，整整半个月，客户不催，老板不压，他就无动于衷，坐以待毙。人家美女放个屁，他就信以为真。他只要再多打个电话，或者花二十分钟时间去美女家里看一下，什么问题都不会出来。在工厂里仓管员发错材料很正常，大家又相互推一下责任也很正常。既可以顺藤摸瓜，又可以顺藤摸花，两全其美的好事这个厂长就不懂得做。老板一番苦心配个摩托车给厂长，该摸的花不去摸，不该摸的花偏要去摸，明知名花有主，偏要惹是生非，惹得摩托车都不翼而飞。

这个厂长是个酒囊饭袋，荒谬至极。他发现总经理助理向外加工厂强行推销私人商品后，马上报告老板。老板当机立断，马上就辞掉了总经理助理。随后他就成了企业的掌权人。他跟老板吹牛说今年我们200个工人，明年要发展到700个工人，化工原材料要自己生产，所有外加工工序全部都要自己加工。他吹牛也吹得老板欢天喜地。女同事陪他睡一夜就加工资，男同事巴结他就加工资，一般都是加200元每月。企业每隔两天就开会对生产进度，开完会就要AA制去喝酒K歌，哪个管理员不参加第二天就会被刁难。大家一般是晚上9点下班就去喝酒，喝到晚上12点就去K歌。有的人很晚也要回企业里面，有的人就开房。第二天要是有人起床起不了没上班，有厂长在一切相安无事。一时间夫妻打架，铜板模具丢失，企业摩托车丢失，浪费材料，出货短装，客户退货等什么问题都出来了。终于有一天老板早上视察工作了，发现整个企业只有一个原材料仓库仓管员在上班，其他的管理员一个都看不到，都没起床。这时候老板才发现问题的严重性。干掉这个厂长之后，老板自己也沾了这种歪风邪气，与企业会计妹妹发生不正当关系。本来好好的一个企业，瞬间臭名远扬。如果企业用到了满脑子都是错误经验而且又腐败至极的高层管理员，还真的不如三岁的小孩子。

这里讲的是企业生产过程中一旦接到不正常的补数单，生产主管千万不能相信任何人的片面之词，一定要根据提供的可靠信息，一关一关明察秋毫，最重要的是反应速度要快。真要遇到非正常补数，企业要争取查得水落石出，尽量当场确定责任人，免得大家为花落谁家，争得水火不容。

常见的材料不翼而飞的情况有：

一是材料厂开单开完成了，但材料欠数，而仓管员收货签了名，没有及时清点数量，匆忙上报入库。材料厂装车也可能会有漏网之鱼，或中途掉落，还有可能送错厂。这种情况主要原因是仓管员收货没有清点材料数量，相信了材料厂或加工厂。

二是材料在仓库或车间，空间不足，乱堆乱放，很难找得到。

三是贵重物品有可能被人盗走。

四是仓管员外发加工的时候发错材料。

五是工人做错，害怕扣工资，毁灭证据，来个死无对证。

企业遇到非正常补数的时候一定要查明原因。非正常补数指的是订单实际材料用量超出了耗量核算的标准，而且超出了一定的比例。例如耗量核算出来的是 100 公斤，实际用了 102 公斤属于正常补数，假设实际用了 120 公斤那就属于非正常补数，多出来的 20 公斤谁来出钱就是经济赔偿问题。企业可以根据原材料或部件的实际情况来确定这里说的一定的比例。偶尔一次查不出原因是可以理解的，经常性查不出原因那就说明企业生产主管能力或经验不足。查明原因的目的一般是要确定责任人，以及确定经济损失赔偿人。有的责任人涉及多人，就要按比例承担经济损失。由于考虑责任人的赔偿能力，企业经常是要对责任人的赔偿进行打折。永远不追究责任的企业也是不行的，员工会得寸进尺，甚至会盗卖企业财产。

一般造成非正常补数的原因有：

一是材料已经入库，但客户中途更改材料。这种情况一般客户承担损失，企业也可以帮客户承担。客户增加订单数量的可以重新下发新的生产指令单，已经下发的生产指令单一般不允许随意更改。

二是上面讲的材料不翼而飞，这种情况一般是要责任人承担损失的。材料厂的问题就要材料厂无条件重新补数。加工厂的问题就要加工承担材料费以及重新免费加工。企业内部员工的问题就要扣工人工资。

三是质量出了问题，部件或产品不合格，需要重新补材料。如果材料厂和加工厂出的问题，那就要对后续情况承担连带责任。车间出了质量问题，绝对是要追究责任，赔偿损失。

四是犯错，包括生产指令单出错、耗量计算出错、采购单下错、加工单开错、材料用错、模具用错等等。

做手工活的工人，经常会感觉手指被材料或工具摩擦产生疼痛的感觉。手工活的工人可以去药店购买维生素 E，用针刺穿，取药液涂在手指上面，可以收到立竿见影的效果。好的企业也可以向工人发放这种药品。

夜以继日　斗志昂扬

某鞋业企业裁断车间 90 部裁断机。企业订单又多又大，80 多个工人计件裁大货材料，三个工人计时裁补数的材料。仓库收到的部件经常差数，天天补数单是堆一堆下来。生产主管组织去裁断车间抽查的话，很容易发现标签与包里装的部件数量不符。裁大货的工人肯定会想裁得够数就裁够，裁得数量差不多够也要算裁够，反正补数是别人的事。裁补数的工人肯定就会想，补数比大货还要多，没人裁得赢，反正我打了卡企业就要给我发工资，我管你出不出货呢。个人计件车间设立专门补数的岗位有很多缺点：一是如果差数不多，做大货的工人不会上报欠数，企业不会提前得到欠数信息，给非正常补数划分责任增加了困难。二是专门补数的工人很难找得到材料，原来做大货的工人就知道有没有剩下材料，剩下的材料在哪里。三是会拖延补数的速度。所以企业还是要坚持谁做大货谁补数的原则，千万不能体会工人补数耽误时间，至于补数要不要给工人算工资，要根据实际情况而定。但后段有人承担责任的非正常补数一般要给前段工人算补数工资。正常补数又很容易划清该谁补的最好是不要给工人算补数工资。偶尔几次车间管理员自己动手补数也是可以的。补数是个麻烦问题，有的要找材料，有的要换模具，有的还要时间开机台。企业也可以对补数实行双倍工价，或者管理员直接指定工钱。

企业要正确对待客户催货，天天都有客户催货本身是件好事，怕就怕没客人催货或客人催得下绝交令。有客户催货说明企业订单充足，业务繁忙。企业遇到材料备齐就差最后一晚冲刺的话，可以组织财务部、人事部、业务部、仓管员、开发部等各部门统统来，全部一起上，倾巢出动。老板就要注意准备夜宵。夜宵是有讲究的。一是不能影响产品的清洁。二是吃得不能耽误时间。三是填得饱肚子。四是不能便宜不能贵。五是不能越吃越渴。所以除了冰红茶就是冰绿茶，除了面包还是面包。面包特别要买那些今天不吃明天就过期的，买一包送两包。晚上 12 点前发完夜宵，工人要留着超过 12 点再吃，那怪不得老板。到了第二天早上 5 点还没结束的话，管理员就要下令统统都把凳子搬开，别让工人睡着了。到了早上 8 点还没完成但又快完成的时候，早餐千万来不得，一定要斗志昂扬再坚持三十分钟。

这种全企业晚上加班的情况一般比较少见。生产主管事后一定要注意核算补贴。如果当晚加班时间没超过第二天正常的上班时间，则属于时间错位，一般每人补贴一瓶饮料钱就可以了，有的厂里叫夜班补贴。不补贴会引起工人心里不舒服，因为在工人眼里他就是在加班。如果当晚加班超过了第二天正常的时间，那就要核算加班费，而且要根据具体情况核算。原来就是计件的工人，而晚上加班本身也是在做自己计件的工作的，则不给加班费，但要小额补贴。

由于企业对于客户下单的数量和交货的时间只能被动接受，就决定了企业工人工作量的不均匀性。普通企业有单做的时候，必须组织工人加班。其实一些计件的工人也希望企业天天有事给他加班。没事做的时候，工人到街上动不动就几十块几百块的钱不见了。大多数企业工人一般每天工作的时间都在 11 个小时以下。偶尔累计连续工作超过 14 个小时的，第二天企业一般都不会要工人上班。企业组织工人加班是企业订单多，工人辛勤劳动的体现，不表示社会黑暗。作为普通工人而言，尽力把自己的工作做好，让企业有利润，让国家有税收也是爱国的体现。不要提到加班就是一味地否定。企业也有企业的难处，到了交货期如果企业不能按期保质给客人交货，企业就会面临被客户扣货款，整批货不要等问题。

其实也没有那个企业喜欢工人高强度加班或者上夜班，一般都是逼不得已。比如有的机台一开起来就是一个星期或者半个月都不能停。因为机台启动一下再加一下温度，这个电费是非常高的。这就需要工人 24 小时看着机台，一般是往机台里面填材料，等机台做好后又把做好的部件或产品取出来。企业就只有安排工人 12 小时两班倒，或者 8 小时三班倒。经常性组织工人上夜班的企业一定要 24 小时给工人提供热水，给工人洗脸洗澡。有的 20 岁的工人在企业里面经常上夜班，没有注意洗脸洗澡，看起来像 50 岁的人一样。皮肤黑或粗糙的工人可以购买去死皮的护肤品洗脸洗澡，保持皮肤有活力，显得年轻，可以延长寿命。

生产主管在企业里面有些词语要用得恰当，例如急、加急、特急、出货等不要乱用。某企业生产主管为了按时满单出货，所有接到的补数单，都要在上面写“今天出货、明天出货”这些字样，用来吓唬相关人员。一旦遇到二次补数，等于就是自己打自己的嘴巴。人家就会问你，你昨天不是出货了吗，怎么今天还要补数。久而久之生产主管就会丧失威力。

没有经济奖励或处罚，生产主管不要随便开会点名表扬或批评部下，私下表扬或批评是可以的。因为当众表扬的背后会隐藏其他同事的妒忌，其他员工进而会故意刁难被表扬的员工。聪明的管理员不会随便对一些小事情发表意见。普通制造企业高层管理员不要随便组织部下开会，把部下工作的时间占用了。

舍近求远　得不偿失

某鞋业企业生产4万双拖鞋。鞋面在附近印刷加工是8分钱一双。但厂长为了体现自己在做事去60公里外的地方找了个印刷加工厂，同意6分钱一双。条件是印刷加工厂不负责拉货和送货。厂长就跟老板说自己找到个便宜的加工厂了，凡是说便宜所有的老板都会同意。每次要印刷加工了，仓管员就叫采购员开车把材料送过去，自己车不够装时就请别人货车来送。加工厂那边印刷完了采购员又要拉回来。有一次要出货，因为要补数，采购员往这个印刷厂一天跑了三趟。最重要的是这个印刷厂印刷出来的产品没质量。听采购员介绍说这个印刷加工厂的工人都是学生或老人。4万双鞋面印刷加工就搞坏了一大半材料，差点客人整个货柜不要。后来企业跟客人讲好话，拉关系，才被客人扣了6万块的货款，勉强出了货。

单价不是越低越好，当然高了也不是件好事，就好像工程招标一样。例如这座桥算好成本是900万，现在有三个人来投标，一个标500万，一个标1000万，一个标1500万。如果投500万的人中标那肯定是中途停工或者是豆腐工程。总是想着要让自己发财，不要让别人发财的人是很难发大财的。

这里采购员60公里来回跑一趟加油一次就要60元，最典型的是有一天跑了三次，还要算采购员的工资呢。所以说各位老板宁愿单价高一点，加工厂也要就近，尽量与附近的加工厂长期合作。近就快，出了问题发现也快。

工人印刷工资就要5分钱一双，加水电费1分，实际上人家6分钱接单是要亏损的。所以加工厂采用重复开送货发票的办法，想非法提高利润，即一个单12000双开了一次发票，后来又开一次发票。好在这个企业生产指令单编号连续，仓管员一眼就发现发票重复了。其实那个外加厂就是厂长的老乡，要是仓管员没发现问题，把名字签了。那厂长又是生产主管又是会计主管，又有酒喝了。其实这个印刷加工厂这次也是倒了大霉，因为印刷质量不合格，返工也是敷衍了事，最后一分钱的加工费都没有拿到。同样的道理如果自己是加工厂当客户太远的时候，该放弃就要放弃。

这个例子中间还有一个特殊的大问题就是引起了员工心里矛盾。采购员本来是负责购买材料的，偶尔去加工厂或材料厂拿一下补数的材料。你现在大货材料也要采购员送和接，而且路途遥远，人家心里会产生不满。因为是自己的车，每次装车和卸货都要仓管员和采购员两个人亲自动手，所以仓管员也是火气冲天。印刷加工厂自己也知道没利润，对这边的一些特殊交代的事项也是爱理不理的态度。有的时候采购员拖拖拉拉，不太愿意行动。逼不得已的时候仓管员又要上报厂长。采购员又是老板的亲戚，厂长又不敢直接骂他，反过来厂长又把脾气发在仓管员的头上。这种心理矛盾还会引起大家其他的工作不积极。

对于外加工厂而言，正确的对待是“他今天帮我企业加工产品，他今天就是我企业的车间”。外加工厂送来的部件要严格要求外加工厂开送货单，注明单号、颜色、数量。实物上面也要外加工厂贴好标签，按照比较固定的数量包装，比如10个一包或者100个一包。绝对不允许外加工混单包装。有的外加工会找借口，来免掉这些工作。这就涉及一个对加工厂扣款的问题了。对于加工厂没有开送货单或者不注明单号或者不按要求包装的，可以进行扣款，一般200块钱一次。企业对加工厂或材料厂扣款的时候一定要先通知人家，取得人家的同意，不要等人家来结账的时候吵吵闹闹。有时候会遇到事情没有做好又不同意被扣款的材料厂或加工厂，这种就是属于耍赖皮的合作对象，该绝交的还是要绝交。这里讲的绝交与稳定原则不违背。

看这个例子。某加工厂给企业仓库送货来的时候，第一次就是不按指定的地点堆放，放在手推车上人就走了。第二次就是包装不按要求，给别人送材料，一只一只从货车上面往仓库丢。第三次就是混单包装，即同一个袋子里面装了三个单的部件。开始怎么讲都没有用，把加工厂的厂长叫过来骂一顿都没有用。最后本企业组装车间不肯领材料了，本厂工人不肯做了，没有办法了只有出绝招了，逼出来的招数。仓管员开罚款单了，上面写着“从某某加工厂扣款200元补贴给本企业组装车间”。这下本企业工人很有劲了，马上行动，其实本来只要一个工人一个小时就可以搞定，要不了200块钱。加工厂老板接到这个通知以后，马上整顿，车间和机台上面到处张贴公告。公告上面的内容写的是“不写单号、不写数量、不写颜色、混单包装的罚款 100 块”。 从此以后，这家加工送来的部件，包装得非常好，而且按指定的地方堆放，老老实实，非常听话。

有的人就会说别人不按要求送货来的一律拒绝收货，这样也不行。首先人家送一次货是要时间成本和运费成本的。其次就是等你急要的时候人家还是老样子送过来。人家送给你，你不要，你急的时候又去求人家，企业反而会陷入被动地位。不涉及返工的话，企业一般不要随便退材料。

信笔涂鸦　五画八万

某鞋业企业生产 3700 双拖鞋，从 41 码到 44 码，每个号码 800 双，45 码 500 双。裁断车间主管开生产加工单给工人是 41 码 800 双，42 码 800 双，43 码 800 双，44 码 800 双，45 码 500 双。但是车间主管写的那个 500 的 5 字，那个湾写到上面去了，差点就要与上面的一横封闭起来了，给人的感觉就是 5 不像 5，8 不像 8。那裁断的工人今天很特殊，他自己去厂门口的超市炸金花，他请朋友帮他上班。他朋友裁到最后说裁完了，材料不够用，差 300 多双的材料。他就说完了完了，肯定出问题了，先不理，炸完金花再说。原本今天是这个车间主管的老婆过生日，特地邀请在附近一起打工的亲戚朋友过来喝两杯。别人帮他把 45 码的 500 双当作 800 双裁掉了，41 码的只裁了 480 双，欠 320 双的材料。结果是车间主管和工人，你怪我，我怪你。两个人争的语气都不敢重，这个工人年龄比管理员小，但辈分比管理员高，管理员叫他叔叔，他们是一家人。如果是工人自己裁断，他就会去问清楚，大家都知道这个管理员有 5 和 8 不分的习惯。

今天裁错的这个产品部件形状很特殊，像电风扇的风叶一样，中间小，四面大，很难把45码的改成41码的。如果是平时出错了，一般都可以用大的部件改裁成小的部件。工人知道要开补数单了，要被扣工资了，先找仓管员。因为这个企业材料是按单入库的，材料0库存，这种非正常补数是要追究工人责任的。320双部件大概要两层复合的材料17米，每米12元，要扣工人大概204块钱。只要是扣钱的事情，大家都算得清清楚楚。仓管员当机立断把仓库库存的一块三层的材料拿去很近的复合加工厂，叫复合加工厂帮忙把其中的一层撕开，不过只有12米。因为那种材料本来就是复合厂送来的，不足的5米就跟复合厂求个人情，叫他们免费提供一下。这样一来就不用开补数单扣工人的工资了。这个工人炸一个上午的金花，辛辛苦苦才赢20块钱，现在要拿40块钱出来买饮料给大家喝。他这天很舍得，买的都是最贵的饮料。

这里讲的是企业要严格要求所有与标签和交接单据相关的人员，在开单写字的时候绝对不允许潦草。字不一定要写得很好，但一定要工整，让别人看得清楚。重复利用的手提袋，或麻包袋，贴标签或写标签的时候一定要把以前的标签盖掉或者把以前的字涂掉。有的人写数字“4”的时候，也是写得又像“6”，又像“0”。

企业一定要控制和节省材料，一个企业能不能盈利关键就在这里，材料亏空很容易引起企业破产。这个车间主管开单非常潦草，所以企业招工和用人要注意这个问题。不常用的库存材料和库存半成品一旦有单来一定要想办法先用掉，特别是改一改就可以用的材料千万不能留。非正常的补数一定要追究当事人的责任。加工厂要坚持越近越好的原则。注意承当责任与赔偿损失是不同的两个概念。愿意承当责任不表示赔偿得起经济损失。承当责任注重的是意识形态，赔偿损失注重的是经济形态。

这个车间主管除了开单潦草，还是有很多优点。一是他人很勤快，经常自己动手亲自补数，每次补数都是先用掉车间杂七杂八的材料。二是他很会排模具，节省材料。三是发现材料耗量核算异常就会马上通知制作生产指令单的人更改数据，以便后面翻单材料耗量就精准，本书这种方法叫耗量校正。四是他天天都会到仓库查看材料入库情况，督促仓管员催材料。五是他对工人出错不包庇，有的是他的亲戚也不例外。人算不如天算，鬼都没想到这车间主管会跟仓库的美女私奔。

耗量校正指的是根据实际耗用的材料量与核算的耗量进行对比，如果差距较大时，就要重新核算耗量，更改生产指令单的数据，保存修改后的数据，以便后面翻单数据准确。比如这次指令单要用的材料的是 100 平方米，采购也买了 100 平方米，结果实际只用了 80 平方米，那就要更改生产指令单的单位耗量数据，并且保存生产指令单，下次翻单数据就准确了。最重要的是如果剩余材料较多，就要作为异常库存登记，下次翻单可以少买材料。

生产加工单是车间管理员开给工人的文字依据，上面一般载明了生产单号、生产数量、材料名称、材料颜色、产品或部件名称、加工事项、模具型号规格、加工单价、完成任务的时间限制等。这也是个人计件的工人计算工资的依据。有的管理员比较懒惰，不想开这生产加工单。其实人懒也不一定是坏事，最重要的是要想聪明办法。不开生产加工单的管理员，可以直接复印生产指令单，把生产指令单发给工人或者加工厂。指令单要得多的车间也可以配复印机。懒有懒的好处。一是节省开单的时间，二是避免开单抄错数据或文字。企业里面的生产加工单与领料单争取合二为一。

本分本当　心安理得

某鞋业企业两条流水线，每条线后面配有一个装箱的工人，装箱又叫包装。其中一条线产量大约每月四万双，装箱的是位中年男子。另一条线产量大约每月两万双，装箱的是位年轻小伙子。中年男子是马马虎虎来得及，年轻的小伙子几乎是天天来不及。每隔两天就要从流水线调人来给小伙子帮忙。这里有个特点，装箱的工人归仓库管。一次流水线老大和仓库老大，因一点小事发生了矛盾，自然流水线的工人都没空了，调不出来了。没办法了，仓库老大亲自上阵，帮小伙子，还是来不及。生产部经理也亲自来帮忙，还是来不及。最后被出货逼急了，生产副总也来了帮忙，就差老板没来了。有位品检妹妹说："看生产部经理汗流浃背，好一副无赖的表情呀"。

装箱这个岗位有个很大的特点，工人休息十分钟也可以，工人休息一小时也可以。今天可能缺少条件不能干，明天能干了又是两天的活堆起来了。这个岗位适合计件，绝对不适合计时。他今天休息的多，明天就应该计件加班。企业该计件的岗位来计时，每年都要换十多个工人，没一个坚持得下来。首先讲这位小伙子，人是好人，只是有点贪玩，对领导熙熙攘攘有点不在乎，反正出勤了就有工资拿，你讲你的，我慢我的，来不及你自然会叫人来帮忙。这位中年男子其实也是来不及，但他又不喜欢听闲话，又害怕别人帮他装错，要他承担责任。所以他自己经常下班时候免费为企业加班，实属万里挑一的工人。因为每次调来帮忙的人，都是心不甘，情不愿，装一件骂一句，而且做事马马虎虎，应付了事。最后经常被调来帮忙的人也只好辞工了。生产副总和生产部经理亲自上阵，精神可嘉，就不懂得釜底抽薪。二十人的企业一把手亲自包装叫实干，六百人的企业一把手亲自包装叫草包。偶尔帮一次没什么关系，这里生产部经理连续六天帮工人包装。

一个企业两个工人计时还是计件本身是个小问题。但如果企业开了 20 年，换了不下于 40 个以上的生产副总和生产部经理，没一个人从根本上解决这么个小问题，才是企业界的大问题。这个小问题不具有隐蔽性，每隔几天就会出现。同一个问题企业天天都在处理，就表示企业一辈子都没有解决。这种要计件的工作，工人来得及，工人就自己完成。工人来不及，领导就要马上安排给别人做，谁完成任务工资就算给谁。

拿月薪的管理员长时间做计件的事情，按大家的说法就是赚外快，对企业来说也是极为不利的。个人计件的车间会造成计件的工人有的工人 6000 元每月，有的工人 2000 元每月。因为这个 6000 元的工资有一半是要分给管理员的。拿月薪的管理员计件的工资肯定要挂在别的计件工人账上。这样的话一个工厂生产方面就完全乱套了。那他有几个人上班，大家在做什么，做得好不好，欠什么材料，管理员都不会去理了，没人逼绝对不会主动收尾。企业要严禁月薪人员长时间从事计件工作，赶货、补数、工人请假等特殊情况可以除外。有的企业集体计件的车间，管理员也在顶个工序的位置，这种做法对产品质量也是不利的。企业对月薪人员做计件的事情视而不见的话，会产生很多严重的问题。已经产生这个问题的企业可以下发通知，内容为“月薪管理员未经允许不得从事非补数和清尾的计件工作，一经发现每次罚款 200 元，当月发现三次的给予辞聘处理”。

看这个例子。某企业有个工人是负责把车间做出来的部件送到仓库。他本来拿的是月薪的工资，但他车间其他的工人都是计件的。他每天都是下午 5 点后才往仓库交货，也就是说利用快要下班的最后一个小时匆匆忙忙的做自己本分的工作。因为车间有 12 个组，他每个组收一下产品都来不及。而且企业又规定车间每天的产品必须当天向仓库交完，仓库每天必须统计车间产量上报。到了下午 6 点的时候，也就是刚好下班的时候，每个组长提一点部件往仓库送。每个人都在要抢着下班，这个在交接单上面写错单号，那个写错货号，有的连自己组上的产品都写到别的组上去了，有的产品送到仓库干脆不要仓库记账。仓管员就别提了，每天都要加班半个小时统计数据。统计数据发布出来，这个组长也叫产品统计少了 ，那个组长也叫产品统计少了。那些产品多记了的人当然不会吭声，谁不希望自己的工资高一些。长期这样就会造成企业生产部的数据经常不准确。这里讲的就是这个车间配备往仓库交货的工人严重失职，本来他完全可以下午一上班就把上午做的产品送到仓库，然后快下班的时候再送一次的时候工作量就很少了。那为什么他每天都要下午快下班的时候才来做他的本职工作呢？原因就是他在做计件的工作，就是他在赚外快，而且明显是车间主管有意在包庇他。再加上这个企业生产指令单编号不连续，又没有统一的口径，实际对生产有用的统计数据十有八九是错误的。

某鞋业企业大概有 600 个工人，其中有一道穿鞋带的工序请的是临时工，目的是降低工资成本。临时工有个很大的特点就是企业不给工人保底工资，不给工人安排宿舍，不给工人安排食堂就餐。这样就变成一些带小孩的人或者老人或者兼职的人来干这个工作，进出厂门也不需要打卡。因为鞋面是属于半成品，所以穿鞋带这道工序就安排在半成品仓库里面进行。仓管员在收发货的同时实际上也管理了一道工序。意思就是说工作来不及的时候企业就很麻烦，临时工不会加班，遇到比较难穿的鞋子临时工就会不来，有的要带回家里去做，有的先讲工价，经常换人来一些做法也需要讲解。一旦遇到工作量多的时候，仓管员是很头痛的，同时也给后面的流水线造成很多不便。这里讲的是企业小看了这一道生产工序。600 人的企业，做出来的事情却让人感觉像小家庭作坊，因为企业明显有实力可以采用保底的形式养两三个固定的工人，确实来不及的时候再找临时工。临时工一个工人一天大概可以挣到 80 元左右，每月可以拿到 2400 左右。企业订单常年比较稳定，出 2200 元每月保底是有人会做的。给了保底工资，企业就可以对工人进行要求，起码的每天正常都要出勤，赶货可以要求工人加班。不能把企业当作菜市场一样。临时工有个很大的缺点就是容易犯错，而且给财务核算工资增加了困难。

再看某鞋业企业自己厂里有针车车间，来不及的时候针车车间的工作也会外发加工。其中有一道工序叫部件定型，外加工厂没有这部机台。所以外加工厂做好的半成品回来后还要本厂车间再做一道工序才可以上流水线组装。定型的这个工人经常罢工，造成企业要定型的部件经常堵车。原因就是本厂车间管理员没有给工人开生产单，有东西来了就叫他做。意思就是说工人自己每天做了多少事情，要拿多少工资，自己都不清楚。人家担心自己做的事情，得不到应得的工资，进而采取消极的态度。车间管理员又认为外加工厂来的部件与自己无关。这里的问题很简单，第一可以按整单开单给工人，这种需要员工稳定。比如这个单是外加工厂做的，总数是 10000 个，我就把这 10000 个全部开给工人，来一点工人就要做一点。因为外加工做好的部件一般都是分多次送来的。另外一种就是来了多少就开多少给工人做，这种有时候需要管理员清点数目。车间管理员叫工人去找仓库或者外加工厂去要数目的做法绝对是不行的。车间管理员要对自己的工人负责任，你的工人才会做得放心。

个人计件的工作一般都要给工人开生产单，分好任务，条件允许的情况下绝对不能吃大锅饭。比如这单 10000 个部件，不分好任务，工人有的会多报工作量。本来 10000 个部件，七八个工人来做的话，最后他们报出来的数量可能会有 12000 个。出现这种情况的原因就是没有分好工或者没有人给工人清点数量。

个别车间管理员腐败到了极点的时候，就会欺负新员工，主要是个人计件的车间。新进来的员工，管理员开始几天会给他一些事情做，半个月后就不给工人安排事情做，逼迫工人自离，然后把这个工人的工资记到别人的账上面，最后管理员再去分这笔工资，造成企业工人流动性很大。企业工人流动性很大的背后就是不能按期交货与产品质量的不稳定。所以企业对于工人流动性大的车间要特别注意管理员是否腐败。企业也可以明确规定，给予自动离职的个人计件的工人结算一定比例的工资。很多都会认为企业给自动离职的工人结算工资是个笑话。

一旦这个部门来不及就要调别的部门人来，这里就涉及企业内部跨部门调工的问题。企业跨部门调工尽量给予小额补贴。例如计时的调去别部门做计时的事情尽量给予小额补贴，一瓶饮料钱也可以，主要给工人以心理上的安慰。要不然人家心里会不平衡，人家会认为我车间几十个人都不叫，就叫我一个人给别人帮忙，我管理专门欺负我一个人。计时的工人调做计件的工作，计件的工人调做计时的工作，或偶然加班，企业都要灵活地给予补贴。千万不能谁叫得动就总是叫谁，多做事而不多给钱，否则再好叫的人，迟早会有叫不动或没得叫的一天来。

前面例子一两个工人计时还是计件，本身确实是件很小的事情。但他会发生连锁反应，这里例子后果就很严重了：

一是不及时装箱完毕，就没办法提前知道产品欠数情况。

二是空间不足，堆了两单产品，就会造成产品没地方放，后面工作更加困难。

三是来帮忙的人，不专业，不习惯，很容易出错，很容易遭客人索赔。一般都是一单装一种箱子，不小心就会装错。企业所有岗位都有相应的责任，临时调来的工人往往会忽视这个责任，以完成任务为重点。

四是因为没有补贴，所以引起来帮忙的人心里不满，情绪不稳，引起整个企业蔓延懒惰思想。别人的工作，我们天天去给他帮忙，别人拿的工资，一半的任务我们来完成。

五是破坏了其他部门的正常工作，因为调人都是突然的，人家的人突然调给你了，人家自己的工作很有可能会瘫痪，引起生产上的恶性循环。所以不是逼不得已，生产主管不要随意跨部门调工。

承包制工资形式在企业里面也是可以用的。一些不固定的特殊工作可以采用承包制。某鞋业企业组织两个月薪的工人清洗鞋楦，鞋楦是鞋业企业里面一种常用的模具。两个工人干了一个星期跟没干一个样，没效率。假设企业给这两个工人承包，这里给你们200块，什么时候完成什么时候就给现金，那边出勤工资不变。说不定他们两天就完成任务了。企业里面有一种很可怕的思想，就是反正你们拿的是月薪工资，给你们做不要给钱，给别人做要给钱。

名正言顺　价值连城

某企业老板一次意外拿几张发票给生产主管，对生产主管说你看才三天又加油加掉500块。等老板退背后，生产主管把发票拿给仓管员看，对仓管员说你看昨天明明来的是一捆皮革，这里发票上面写两捆，怎么办。仓管员就说我没签字，我没看见这些东西，与我无关。这几张发票是采购员给老板的，采购员又是老板的堂哥。老板就知道汽车加油会贪他的便宜，材料发票造假他倒是不在乎，或者是觉察不到。这个企业比较小，没财务会计工作，都是老板娘收货款，给材料厂发货款，给工人发工资。职场难呀，告诉老板说采购员发票造假，自己得不到好处，一棒肯定打不死采购员，以后大家工作上还会显得非常尴尬。视而不见又带有那种违背职业道德的性质，好在你们是一家人。这里要说明的是如果有人损害企业利益，其他同事就是发现了，说不定也会视而不见。

按单核算的方法是与产品成本相关的费用全部要与生产指令单一单一单进行对照，补数另行处理的一种成本核算方法。生产一单产品的成本 = 本单材料费 + 本单计件工资 + 本单补数费用 + 本单该分摊的费用。

按单核算对与产品成本相关的发票有两个要求，没有这两个要求的发票，一般财务部是绝对不允许接收的。第一是在发票上面写明生产指令单编号，即注明是那个单要用这个材料。第二是要仓管员在发票上面签名，表示仓库收到了这个材料。这里发票既包括采购员的，也包括材料厂和加工厂的。采购员下采购单时就要注明生产指令单编号。当材料厂开发票漏掉单号时，仓管员也有责任把单号补上来。不按单入库的材料发票应当在发票上面注明“记账”等字样。办公用品以及机台维修等产生的费用发票要在发票上面注明“办公、维修”等字样。

财务部收到发票后，把所有同一个生产指令单的发票集合，再把集合的发票用订书机订在这张生产指令单上面，发票多的也可以用文件袋。对一下每张发票上的数量是否与生产指令单的数量相接近。比如生产指令单上面这个材料要的是 100 千克，而发票上面却来了 200 千克，那就说明出问题了。有的发票上面写了多个单号，这就可以使用拆分发票，把它拆成一单一单。没办法按单入库的材料就按车间领料单替代发票。

接下来财务部就可以按单做实际成本报表了。如果企业按单核算，入库就在发票上面标明单号，那材料成本把几张发票加一下就直接出来了。按单核算工资的企业，同一单号把各部门计件的工资加起来，工资成本就出来了。那分摊费用成本肯定是要分才出得了的。分摊成本是个估算数据，不是百分之百的准确，但它具有一定的科学性。也就是说实际成本是个带有科学性的估算数据。企业承担的补数造成的材料成本和工资成本也要算进实际成本。成本就等于材料费加计件工资加分摊费。企业的档案室最好是一单一单收藏生产指令单、发票、成本报表。本书认为企业的档案室什么都可以没有，就是不能没有这个东西。很多企业档案室里面放的都是企业厂房规划实景地图。

利用部件组装产品的分公司或者跨国集团或者国有企业，这种管理方法的优势就可以充分发挥出来。有的老板可能会认为“我这个分公司安排一个亲戚，那个分公司安排一个亲戚，我就后顾无忧了”。企业集团总部收到这些资料后，就可以核对采购单价是否合理，加工单价是否合理，工人工价是否合理，可以了解盈亏原因。就算分公司收到虚构的发票，集团总部也是可以查得出来的。

实际成本出来后与实际取得的收入的差额就形成盈亏。当年所有订单的成本收入盈亏的汇总就形成年度盈亏报表。这就是本书最终的结果。有的企业没办法做出这个报表，原因很多。如果一个企业的财务部只是把发票加起来，或把工资汇总一下，那财务部就有可能成为摆设。有的老板对企业的财务工作不重视，这个是小舅子，那个是小姨子，他认为这些人不会对企业有异心，即使有异心老板也视而不见，给他们捞一点，都是自己人。

造成企业财务亏空的主要原因有：

一是发票造假，包括数量单价金额造假，发票重复，虚构交易发票。

二是盗卖和转移企业财产。

三是工资成本过高，定岗定员定价不合理，核算工资出现漏洞。

四是产品质量不合格或延迟交货期或其他原因被客户退货或索赔。

五是天灾人祸。

六是客户破产发生货款坏账。

七是广义的财务亏空，如股东抽资、投资亏损、诉讼担保等支出。

管理人员吃回扣不直接属于企业财务亏空。吃回扣一般不会直接影响采购数量，会间接影响采购单价和材料质量或加工质量，进而提高企业产品成本或降低企业产品质量。财务亏空很容易引起企业破产。喝瓶水，喝杯酒，吃餐饭，打牌欠一两块人家不要还，一般不算吃回扣，属于人情交往。财务亏空的方式一般都是通过里应外合，相互勾结来实现的。

企业财务监督不到位就很容易引起财务亏空。企业财务监督工作能不能做好需要一些前提条件。这些前提条件包括：

一是生产指令单编号连续唯一。

二是尽量避免混单采购，能不混单采购的坚决不允许混单采购。

三是必须在发票上面注明单号。

四是财务取数要精准，与核算成本和工资无关的数据千万不要去取，千万不要死套有入库就一定要有出库的老规矩。有的产品部件要加工好几道工序，涉及多次流转，财务部只要取到第一次入库材料的成本就可以了，加工工序算工资就对了。中途流转造成材料丢失，那是生产主管要管的问题，不开补数单就与财务部无关。

五是按单核算计件工资。

六是发票与内部交接单据尽量单号单一化。

七是企业老板要明确支持财务工作。

与按单核算相对应的是不按单核算。不按单核算分为事实性的和人为性的。

事实性不按单核算的原因有：

一是对方不卖零头。比如我这单要 1 公斤油漆，而买一桶油漆至少是 5 公斤。那就会造成我仓库库存 4 公斤，很可能以后就用不上了。

二是路途遥远，大批量采购，采购单价低。

三是订做，对方按模具算，做一次至少是做满一个模具，你要也得要，不要也得要。

四是通用材料，几乎每个单都要用到，不方便按单核算，不方便按单入库，不方便按单领料，只能作为分摊成本。

人为性的，指的是没管理方法，随便乱搞。比如单上需要 100 公斤，采购员就采购 800 公斤，还说以后随便用得上。仓库也收 800 公斤，财务部也给人家 800 公斤的钱。万一以后真的用不上了，剩下的 700 公斤就会在仓库里面发霉变质。人为性的不按单核算容易给发票造假和盗卖企业财产提供机会。

不按单入库的材料，企业财务部要建立进销存账，防止空头发票或被盗卖。仓库不记进出存账也可以，避免仓库和财务部重复记账，但仓库要有库存量数据，主要方便生产需要。对于规格较多，颜色较多的材料也可以记模糊帐，即按规格不分颜色或按颜色不分规格记总账或者按总重量记账。企业记账也不是分得越明细就越好。对于固定资产和模具之类的，企业财务部记库存账。企业要定期盘点不按单入库的材料和贵重物品（包括金属模具，贵重残渣等）以及库存产品，按单入库的材料一般不需要盘点，盘点也是浪费时间，装模作样，不存在实际的意义，但要盘点异常库存。国有企业还要定期核对银行账号余额与出纳员的账面余额是否相符。

从理想化的角度讲，按单采购材料和部件的企业一般不会出现大量多余的库存。但是如果有人犯错或客户要求更改或材料厂原因，造成非正常补数，那就可能会产生异常库存，也有可能是材料厂多送。企业生产主管和财务部都要登记异常库存，而且要快速处理。

下面介绍简单的产品成本核算，这是企业财务管理的重点。假设客人现在要我们炒一盘白菜。首先我们要去菜市场买 2 斤白菜，单价是 1 块钱一斤，这个两块钱在企业里面就相当于原材料费用。向买菜洗菜炒菜的人支付的工资在企业里面相当于工资成本，这里假设为两元。盐、油、味精、酱油等在企业里面相当于辅助材料，这里假设为 0.5 元。煤气费或者电费在企业里面相当于水电费，这里假设为 0.1 元。锅在企业里面相当于模具，这里假设为 0.1 元。灶在企业里面相当于机台，这里假设 0.2 元。炒菜所在的房子就相当于企业的厂房，假设厂房的费用是 0.2 元。装菜用的一次性饭盒在企业里面就相当于包装材料，假设饭盒一次要 0.1 元。假设你买白菜的钱是跟别人借，别人要收你 0.1 元的利息，这相当于企业里的财务费用。假设你打电话给客人，邀请客人来你的饭店，产生的通话费 0.2 元在企业里面就相当于销售费用。有的人就会想，炒菜用的锅、灶、房子也要算炒一盘白菜的成本呢。假设你的锅、灶、房子是租别人的，别人要收你的租金，这样就容易理解了。一盘白菜的成本就出来了大概就是5.5元。注意这个5.5元在企业里面不是100%的准确，而是一个有科学依据的估算值。

这盘白菜卖给客人价格超出5.5元就表示企业做一单有利润。客人吃了还要吃，就表示企业翻单。模具、机台、厂房等成本在企业会计里面称为固定资产折旧成本。假设一个锅能炒菜10000次，锅每次炒菜的折旧成本就等于（新锅的价格减去锅卖废铁的回收价）除以10000次。这种除以10000次的做法在会计学里面称为分摊。

企业规章制度样板

（一）

生产指领单的编号坚持连续唯一，简单易记的原则，严禁简写单号。

坚持统一用单号作为统一口径和标签标识的原则。

严禁将不同批次出货的同一型号产品下成一个生产指令单。

坚持采购单与生产指令单合二为一的原则。

坚持多人审核生产指令单的正确性原则。

坚持快速制作生产指令单的原则。

（二）

坚持小罚小补，大错大罚的原则。

坚持高层管理内部提拔原则。

尽量对管理类岗位设置学历要求，尽量给毕业生机会。

快速处理人事变动。

坚持通道畅通原则。

坚持夜间巡查原则。

坚持核查管理人员身份真实性原则。

坚持员工稳定原则。

尽量包吃保住。

（三）

坚持材料厂与加工厂稳定原则。

坚持按单采购原则，严禁多单汇总成一个采购单进行采购，这里指的是明显可以分开一单一单采购的材料。绝对不允许多单物料混装。

坚持残渣退给来源处的原则。

坚持点准大数的原则，坚决不允许将物料倒在地板上面点数。

仓管员有权对材料厂或加工厂进行小额罚款。

坚持快速处理残渣与库存品的原则。

坚持积极催货的原则

兼顾物料流转直线最短与集中相结合的原则

坚持分类摆放原则

（四）

坚持谁做大货谁补数的原则。

坚持谁打样谁做大货的原则。

坚持外加工材料厂就近的原则。

严格要求管理人员书写工整。

坚持补数优先的原则。

坚持签名人数精简原则。

坚持及时上报犯错的原则。

坚持天天例行检查。

严禁月薪人员长时间从事计件工作。

坚持犯错必究原则，可以打折，坚持疑罪从无原则。

开单不允许产生歧义。

坚持库存优先使用原则。

坚持公平原则，公平对待工人，材料厂，加工厂。

坚持计划生产原则

坚持计件优先的原则

坚持优先满足企业内部工人的原则，不能让本厂工人与加工厂抢事做。

严禁标签或单据擅自更改颜色，抄写颜色必须与生产指令单相符。

（五）

坚持按单生产按单核算原则

坚持工价稳定合理原则

坚持月薪人员基本工资加工龄工资原则

坚持财务取数精准原则

争取内部交接票据单号单一原则

坚持发票注明单号的原则

坚持定期盘点工作

坚持耗量矫正原则

图表解释

总装车间周计划配套表

指令单号	出货日期	客户名称	产品型号	颜色	生产数量	工序一	工序二	总装车间
0008	3月2日	英国	108	白色	808	完成	完成	50
0009	3月8日	英国	104	红色	909	完成	200	8小时
0002	3月9日	德国	104	红色	202	完成	完成	完成
0006	3月15日	德国	442	黑色	606	完成	完成	完成
0001	4月2日	英国	501	红色	101	完成	完成	12

注1：以出货日期先后顺序排列，一般只列举总装车间接下来两周计划生产的订单。

注2：总装车间栏里面可以填写预计生产所需要的时间等。

企业生产部进度数据报表

指令单号	出货日期	客户名称	产品型号	颜色	生产数量	工序一	工序二	工序三
0001	4 月 2 日	英国	501	红色	101	完成	完成	12
0002	3 月 9 日	德国	104	红色	202	完成	完成	完成
0003	6 月 1 日	韩国	108	红色	303	303		
0004	5 月 2 日	法国	201	黑色	404	404		
0005	4 月 6 日	英国	335	黑色	505	完成	225	
0006	3 月 15 日	德国	442	黑色	606	完成	完成	完成
0007	4 月 3 日	韩国	201	黑色	707	完成	600	
0008	3 月 2 日	英国	108	白色	808	完成	完成	50
0009	3 月 8 日	英国	104	红色	909	完成	200	
0010	4 月 4 日	韩国	112	黑色	1000	完成	1000	
注 1：以生产指令单编号顺序排列，以数据统计为目的。								
注 2：本工序未完成的数据，报表统一以未完成数据为口径显示。								
注 3：当 0002 单与 0009 单产品型号与颜色一致的时候，一般不允许两单的数据与物料混淆，尽量分单采购。								

简易生产指令单样板

<table>
<tr><td colspan="2">指令单号：0001</td><td colspan="2">客户：英国</td><td colspan="2">产品型号：501</td><td colspan="2">出货日期：4月2日</td></tr>
<tr><td colspan="2">简写颜色：红色</td><td colspan="2"></td><td colspan="2">模具型号：501</td><td colspan="2">生产数量：101</td></tr>
<tr><td colspan="8">配色：红色部件一，黑色部件二，白色部件三，红色部件四</td></tr>
<tr><td>产品部件名称</td><td>材料</td><td>颜色</td><td>单位耗量</td><td>总耗量</td><td>材料单位</td><td>供应商名称</td><td>加工厂名称</td></tr>
<tr><td>部件一</td><td>材料规格 1</td><td>红色</td><td>0.8</td><td>81</td><td>平方</td><td>采购员</td><td></td></tr>
<tr><td>部件二</td><td>材料规格 2</td><td>黑色</td><td>0.43</td><td>44</td><td>公斤</td><td>A 材料厂</td><td></td></tr>
<tr><td>部件三</td><td>材料规格 3</td><td>白色</td><td>6.8</td><td>687</td><td>平方</td><td>B 材料厂</td><td></td></tr>
<tr><td>部件四</td><td>材料</td><td>红色</td><td>1</td><td>101</td><td>个</td><td>F 配件厂</td><td>C 加工厂</td></tr>
<tr><td>部件五</td><td>材料</td><td>红色</td><td>2</td><td>202</td><td>个</td><td>J 配件厂</td><td>D 加工厂</td></tr>
<tr><td>部件六</td><td>材料</td><td>红色</td><td>4</td><td>404</td><td>个</td><td>K 配件厂</td><td></td></tr>
<tr><td>包装材料</td><td>材料</td><td>红色</td><td>1</td><td>101</td><td>个</td><td>E 材料厂</td><td></td></tr>
<tr><td colspan="8">注 1：需要本厂车间加工成部件的材料位置填材料名称与规格，采购部件的只填材料名称。</td></tr>
<tr><td colspan="8">注 2：单位耗量视情况取小数位，总耗量视情况不取小数位。</td></tr>
<tr><td colspan="8">注 3：当同一单涉及多个颜色的时候，就需要列举产品部件配色。</td></tr>
</table>

采购发票样板

	材料	规格	单位	数量	单价	总价		
0001	材料	规格	平方	81	2	162		
						吴某		

注 1：这里的 0001 一般需要采购员自己用笔填写，表示这 81 平方的原材料是 0001 单需要用。

注 2：上面的吴某表示仓管员签字确认收到了 81 平方的材料。

注 3：这里的数量 81 与指令单上面的 81 相接近。

注 4：入库的时候要用标签或记号笔在材料上面写 0001，用来防止用到其它单里面去了。

注 5：没有 0001 和吴某两个标注的发票，企业财务部不能结账。

K材料厂送货发票样板

	材料	规格	单位	数量	单价	总价		
0001	部件六	501	个	404	3	1212		
						吴某		

注1：这里采购的是部件，这个0001一般要求材料厂填写。

注2：这里404与指令单上面404一致，多次送货的加起来的总数要与生产指令单一致。

C 加工厂送货发票样板

	材料	规格	单位	数量	加工单价	总工价		
0001	部件四	501	个	101	0.8	80.8		
						吴某		

注 1：部件加工一般是拿材料给别人加工，这个 0001 一般由加工厂填写。

注 2：加工厂的工资一般可以直接记在工资成本里面。

注 3：有的加工厂不开送货单，直接复印生产指令单结账，管理水平高的企业不允许这样做。因为有开单就可以及时了解入库数据

部件一车间生产加工单样板

部件一车间		操作工人：王某				要求完成时间：今天		
单号	材料数量	模具	部件名称	加工数量	加工单价	总工价		
0001	81 平方	501	部件一	101	0.2	20.2		

注 1：这个 81 平方与生产指令单一致，但现实情况中工人实际领到的材料很难是 81 平方。

注 2：假设这个 81 平方前期计算是准确的，工人又刚好能够做出 101 个合格的部件则视为节省材料。

注 3：企业生产加工单与领料单争取合二为一，管理人员就可以少开一道领料单。工人自己心里也清楚自己拿了多少材料要做多少个合格的产品。

注 4：一般生产加工单不允许漏写单号。

成本利润计算表 0001 单样板

材料费（元）		工资费（元）		辅助材料费（元）		分摊成本
部件一	162	一车间	20.2	材料一	80	200 元
部件二	200	二车间	100	材料二	80	
部件三	200	三车间	100			
部件四	200	C 加工厂	80.8			
部件五	100	D 加工厂	100			
部件六	1212	总装车间	200			
包装材料	80	补数工资	0			
补数材料	0					

注 1：这里的补数材料与补数工资指的是企业承担的部分。工人或材料厂或加工厂承担的不记。

注 2：企业争取每一单都要做出这样成本利润报表。

注 3：企业每一单都要把利润表，指令单，这一单相关的发票，这一单的工资表，用一个文件袋或装订在一起，保存在企业档案室。企业会计的核心工作就在这里。企业总部也可以收这些东西。

注 4：这就是不允许混单采购，混单开票据的原因。

注 5：企业 0001 单的成本等于上述数字之和为 2815 元。假设企业这单的产品出售价格为 3000 元，则表示企业生产 0001 单实现了盈利 185 元。

企业年度利润表样板

单号	利润（元）	单号	利润（元）	单号	利润（元）	单号	利润（元）	
0001	185	0017	200					
0002	200	0018	200					
0003	200	0019	200					
0004	200	0020	200					
0005	200	0021	200					
0006	200	0022	–200					
0007	200	0023	–100					
0008	200	0024	200					
0009	200	0025	200					
0010	200	0026	200					

注 1：这样一个企业生产一年是否盈利就很明显。

日计划表样板

2018 年 3 月 2 日
1. 0002 单总装车间在补数。
2. 0008 单工序三还有 50 个部件没有完成。
3. 0009 单 3 月 8 号出货工序二和工序三都没有完成。
4. 一车间一部机台要维修。
注 1：日计划以突发事项为重点，一般是以总装车间周计划为指引。
注 2：企业生产部每天都要收集与生产相关的管理员昨天的日计划表。
注 3：日计划的内容指的是当天的工作和追踪重心。

防止统计数据误差样板

0001 单	41 码	42 码	43 码	44 码	45 码			
订单数量	800	800	800	800	800		合计	4000
预补数	8	8	8	8	8		预补	40
船头样	2	2	2	2	2		船头样	10
总计	810	810	810	810	810		总计	4050

注 1：这里是以鞋业企业生产 4000 双鞋子为例，41 到 45 码每个规格 800 双。

注 2：这里是鞋业企业生产指令单的截图。

注 3：生产指令单体现订单数量，预补数，船头样，总数是不科学的做法。

注 4：企业产品部件不是很昂贵的话，一般有最后总数这一行就可以了。

注 5：包装产品时候可以先要求工人预留船头样。

进出存帐样板

<table>
<tr><td colspan="2">原材料 A</td><td colspan="2">单位：千克</td><td></td><td></td><td></td></tr>
<tr><td>日期</td><td>用途</td><td>入库</td><td>出库</td><td>库存</td><td>备注</td><td>领料人</td></tr>
<tr><td>2 月 1 日</td><td></td><td>8000</td><td></td><td>8000</td><td></td><td></td></tr>
<tr><td>2 月 2 日</td><td>0001 单</td><td></td><td>1000</td><td>7000</td><td></td><td>一车间</td></tr>
<tr><td>2 月 3 日</td><td>0001 单</td><td></td><td>40</td><td>6960</td><td>补数，企业承担 30，工人承担 10</td><td>一车间</td></tr>
<tr><td>2 月 4 日</td><td>0002 单</td><td></td><td>2000</td><td>4960</td><td></td><td>一车间</td></tr>
<tr><td colspan="7">注 1：企业材料出库最重要的是标明材料所使用的生产指令单编号。谁领走了材料是次要的。</td></tr>
<tr><td colspan="7">注 2：不按单入库的材料要定期盘点，看库存与实物是否相符。</td></tr>
<tr><td colspan="7">注 3：企业材料标准用量与补数用量分开核算，可以体现材料的来龙去脉。</td></tr>
</table>

流水记录样板

单号	纸箱	贴标	鞋盒	包装袋	挂牌			
0001 单	纸箱	贴标	无	无	挂牌			
0002 单	纸箱	贴标	无	无	挂牌			
0003 单	纸箱	贴标	鞋盒	包装袋	挂牌			
0004 单	纸箱	贴标	鞋盒	包装袋	挂牌			
0005 单	纸箱	贴标	无	无	挂牌			

注 1：企业生产部管理员人员接到生产指令单就可以把与自己相关的工作事项按单号顺序登记。

注 2：每完成一项就用荧光笔涂掉一项，没完成的与已经完成的，就非常明了。

注 3：采购员，仓管员，车间管理员，生产主管都可以采用这种工作方法。

注 4：也可以直接在生产指令单上面涂，但需要生产指令单保存完整而且生产指令单制作科学。